접시 위 디자인 감각을 키워주는 플레이팅 교과서

플레이팅의 기술

Machiyama Chiho

요리를 어떻게 디자인해야 하나?

GREENCOOK

푸드 코디네이터(또는 푸드 스타일리스트)가 하는 일 중에서 플레이팅은 상상력이 가장 많이 필요하고, 감각이 요구되는 일입니다.

푸드 코디네이터라는 직업의 성격상 다양한 장면, 다양한 환경, 다양한 설정 안에서 플레이팅을 해왔습니다.
여러 가지 상황을 구체적으로 표현하기 위해 식기와 식재료 등을 선택하고, 테이블에 놓을 때의 밸런스와 먹으면서 나누는 대화까지 생각하면서 플레이팅을 하고 있습니다.
또, 지역의 전통이나 습관을 바탕으로 제 자신이 느끼는 편안함, 멋, 요구되는 이미지 등을 더하여 플레이팅을 하고 있습니다.

글로 설명하니 과장되게 느껴지지만, 사실은 그런 것들이 디자인적인 요소의 복합체로 시각적인 효과를 만들어내는 것입니다.

대부분의 경우 요리를 먹는 사람을 깜짝 놀라게 하고, 사랑스럽게 보이고, 마음을 편하게 해주고 싶은, 여러 가지 마음을 담아 플레이팅을 한다고 생각하지만, 그 배경에는 디자인적이고 시각적인 이유가 있는 것입니다.

이 책에서는 그런 디자인적인 요소를 하나하나 요리에 반영하여 시각적으로 어떻게 풀어나가는지 비교해서 보여줍니다. 이 책을 보는 모든 사람이 깨달음을 얻는 계기가 되어, 상상력을 키워간다면 매우 기쁘겠습니다.

푸드 코디네이터_ Machiyama Chiho

CONTENTS

머리말 3

1 플레이팅의 이해

플레이팅이란? …… 10
플레이팅의 주제와 표현 …… 12
접시 선택의 포인트 …… 14
   원형 접시 …… 16 정사각형 접시 …… 18
   타원형 접시 …… 20 직사각형 접시 …… 22
플레이팅의 비교 …… 24

2 디자인으로 접근하는 플레이팅_ 기초

점

크기 …… 32
   방울토마토 파르시 | 크기 플레이팅_소(집중) …… 33
   라이스 크로켓 | 크기 플레이팅_대(존재감) …… 34

위치 …… 36
   미니 키슈 | 위치 플레이팅_왼쪽 …… 38
   바질과 치즈가루를 뿌린 가리비 무알레 | 위치 플레이팅_위 …… 39
   훈제연어 블리니 | 위치 플레이팅_오른쪽 아래 …… 39

방향 …… 40
   바지락 에스카베체 | 방향 플레이팅_아래로 …… 42
   훈제연어 무쌈말이 | 방향 플레이팅_비스듬하게 왼쪽 위로 …… 43

여러 개의 점 …… 44
   루비양파와 콩 샐러드 | 여러 점의 플레이팅_랜덤 …… 46
   마이크로토마토와 아보카도 딥 | 여러 점의 플레이팅_곡선 …… 47
   뿌리채소 마리네이드 | 여러 점의 플레이팅_상승 …… 47

선

직선·곡선 ······ 50
　　와사비를 넣은 매시트포테이토와 절인 참치 | 직선 플레이팅_수평 ······ 52
　　칠리 소스와 닭날개 튤립튀김 | 곡선 플레이팅_자유로운 물결선 ······ 53

각도(사선) ······ 54
　　겨자와 케첩소스를 곁들인 미니 춘권 | 각도 플레이팅_예각 60° ······ 56
　　발사믹 소스를 곁들인 뿌리채소 소테 | 각도 플레이팅_예각 30° ······ 57

여러 개의 직선 ······ 58
　　스테이크와 감자튀김 | 여러 직선의 플레이팅_중심을 교차하는 직선 ······ 60
　　양송이, 마, 베이컨 구이 | 여러 직선의 플레이팅_중심을 교차하지 않는 직선 ······ 61
　　파프리카 무스를 곁들인 도미 카르파초 | 여러 직선의 플레이팅_수평선/수직선 ······ 61

포물선·원·나선 ······ 62
　　파프리카 크림 소스와 테린 | 나선 플레이팅 ······ 64
　　망고 소스와 흑초 돼지고기 튀김 | 포물선② 플레이팅 ······ 65
　　발사믹 소스와 금눈돔 소테 | 원 플레이팅 ······ 65

윤곽·분할 ······ 66
　　오로라 소스와 파슬리를 넣은 토르티야 | 윤곽 플레이팅_정사각형 ······ 68
　　배와 생햄 밀푀유 | 분할 플레이팅_세로 ······ 69

면

모양을 표현하는 면 ······ 72
　　미니 아스파라거스 오픈 샌드위치 | 모양 표현의 면 플레이팅_정사각형 ······ 74
　　바질을 곁들인 전갱이 타르타르 | 모양 표현의 면 플레이팅_삼각형 ······ 75
　　메이퀸 프라이드 포테이토 | 모양 표현의 면 플레이팅_타원형 ······ 75

공간을 표현하는 면 ······ 76
　　버터와 래디시 | 공간 표현의 면 플레이팅_정사각형×직사각형 ······ 78
　　토마토와 한천 카프레제 | 공간 표현의 면 플레이팅_원 ······ 79

배치 밸런스

밸런스 …… 82
- 가리비와 주키니로 만든 따뜻한 샐러드 | 밸런스 플레이팅_융합(왼쪽·오른쪽) …… 84
- 라타투이를 채운 오징어 | 밸런스 플레이팅_대립(위·아래) …… 85

대칭·비대칭·거울대칭 …… 86
- 에스닉스타일 닭날개 구이 | 거울대칭① 플레이팅 …… 88
- 발사믹 소스와 고기를 채운 표고 | 대칭 플레이팅 …… 89
- 감자를 곁들인 양송이 튀김 | 비대칭 플레이팅 …… 89

평행·회전 …… 90
- 푸아로 콩소메 조림과 연어구이 | 평행 플레이팅_수평 …… 92
- 새우 샐러드 | 회전 플레이팅 …… 93

그룹 …… 94
- 삼치 센베이 튀김 | 그룹 플레이팅_삼각형 …… 96
- 차즈기와 아보카도를 올린 참치 타르타르 | 그룹 플레이팅_정다각형이 연상되는 원 …… 97

입체

입체 …… 100
- 타코스 파이 | 정육면체 플레이팅 …… 102
- 완두콩 무스 | 반구 플레이팅 …… 103
- 연어 라이스 샐러드 | 직육면체 플레이팅 …… 104
- 부케스타일 감자 샐러드 | 원기둥 플레이팅 …… 105

색

컬러 매칭 …… 108
- 당근 글라세와 햄버거 샌드위치 | 컬러 매칭 플레이팅_Red & Orange …… 110
- 그린 소스를 얹은 그린 샐러드 | 컬러 매칭 플레이팅_Green & Yellow …… 111
- 붉은 양배추와 닭가슴살 코울슬로 | 컬러 매칭 플레이팅_Pink & Purple …… 112
- 허브와 견과류 소스를 얹은 돼지고기 스테이크 | 컬러 매칭 플레이팅_Brown …… 113

대비 …… 114
- 비트 크림 소스와 닭봉구이 | 대비 플레이팅_소스 …… 115
- 닭봉 크림조림 | 대비 플레이팅_검은색 접시 …… 116
- 닭봉 크림조림 | 대비 플레이팅_색깔 접시 …… 117

강조 …… 118
- 오이와 비트 샌드위치 | 강조 플레이팅_주목 …… 120
- 흑미와 생햄으로 만든 크림 리소토 | 강조 플레이팅_토핑(집중) …… 121
- 흑미와 생햄으로 만든 크림 리소토 | 강조 플레이팅_토핑(살포) …… 121

3 상황별 플레이팅_ 응용

01 차가운 전채
가리비 카르파초 …… 124

일상 …… 125, 129
손님접대 …… 126, 128
파티 …… 127, 129

02 따뜻한 전채
새우 베니에 …… 130

일상 …… 131, 135
손님접대 …… 132, 134
파티 …… 133, 135

03 생선요리(메인요리)
프로방스풍 삼치조림 …… 136

일상 …… 137, 141
손님접대 …… 138, 140
파티 …… 139, 141

04 고기요리(메인요리)
소고기 탈리아타 …… 142

일상 …… 143, 147
손님접대 …… 144, 146
파티 …… 145, 147

05 샐러드
니수아즈 샐러드 …… 148

일상 …… 149, 153
손님접대 …… 151, 152
파티 …… 150, 153

06 파스타
토마토와 바질 스파게티니 …… 154

일상 …… 155, 159
손님접대 …… 156, 158
파티 …… 157, 159

07 샌드위치
B.L.T. 샌드위치 …… 160

일상 …… 161, 165
손님접대 …… 162, 164
파티 …… 163, 165

08 디저트
초콜릿무스 …… 166

일상 …… 167, 171
손님접대 …… 169, 171
파티 …… 168, 170

4 접시에 따라 달라지는 플레이팅 효과

1. 림에 릴리프가 있는 접시 …… 174
2. 림에 무늬가 있는 접시(명품 브랜드) …… 176
3. 림에 무늬가 있는 접시(북유럽) …… 178
4. 전체에 무늬가 있는 접시(북유럽) …… 180
5. 특별한 모양의 접시 …… 182
6. 유리접시 …… 184

부록
플레이팅의 악센트가 되는 허브와 향신료 …… 186
플레이팅의 포인트가 되는 소스 …… 188

COLUMN
착시 이야기 …… 35, 172
색깔 이야기 …… 122, 190

이 책을 보기 전에

이 책에서 설명한 플레이팅은 서양요리를 기준으로 한다.
p.16~26에서 설명하고 있는 접시의 크기는 이 책에서 사용한 접시를 측정한 것으로, 대략적인 기준이다.
이 책의 계량단위는 다음과 같다.
1작은술 = 5㎖
1큰술 = 15㎖
1컵 = 200㎖(1㎖=1cc)

1. 플레이팅의 이해

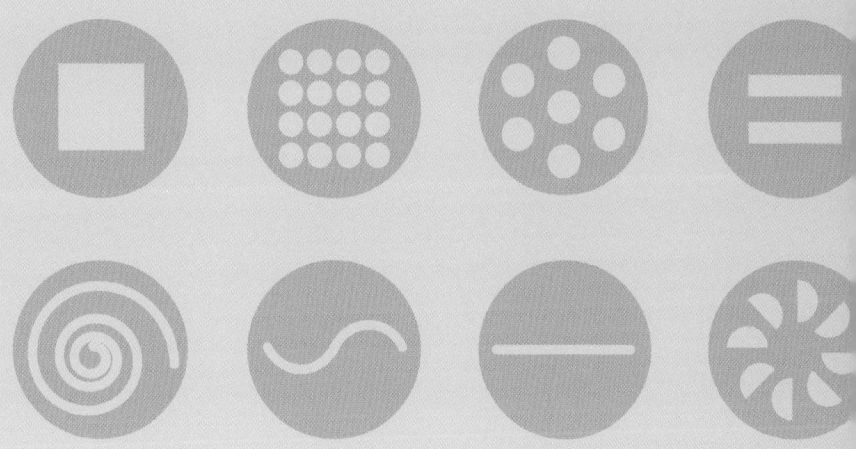

일반적으로 플레이팅은 요리의 맛을 좌우하는 중요한 요소 중 하나로 꼽힌다. 그러나 플레이팅에는 엄격한 규칙이 없고 전통이나 관습적인 기법, 개인의 감성에 의지하는 경우가 많다. 이 책에서는 시각정보라는 관점에서 플레이팅을 이해하고, 디자인의 원리를 바탕으로 좀 더 효과적으로 구성하는 방법을 찾고자 한다.

플레이팅이란?

이 책에서는 디자인의 기본 원리를 바탕으로 플레이팅을 생각한다.
디자인이라고 하면 단순하게 '겉면을 장식하는 것' 또는 '의장이나 도안' 정도로 생각하는 경우가 많은데, 본래의 의미는 크게 다르다. 디자인의 어원은 라틴어 'designare'로 '계획을 기호로 표시하다'라는 의미이다. 즉 넓은 의미로는 '아직 존재하지 않는 것을 완성하기 위한 계획을 표현하는 것'을 말한다. 이것은 요리와도 연결된다. 먹는 사람이 맛있게 먹고 행복해지는 요리를 만들기 위해 요리의 모든 요소를 종합적으로 고려하는 것이, 요리를 만드는 사람의 목적이자 임무이기 때문이다.

맛은 오감으로 느끼며, 직접 맛보기 전에는 시각으로 맛을 판단한다
맛은 요리의 맛(음식의 물리적인 성질)과 먹는 사람의 심리상태, 먹는 공간, 그리고 지금까지 쌓아온 그 사람의 경험과 지식 등 여러 가지 정보를 뇌가 통합하여 인식하고 판단한다. 단순히 요리의 맛으로만 판단하는 것은 아니다.
사람은 오감으로 맛을 느낀다고 한다. 맛(미각), 냄새(후각), 겉모양(시각), 식감(촉각), 요리를 만드나 소리와 씹는 소리(청각)가 서로 연결되어 있다. 이런 정보를 인지하고 지금까지의 기억이나 학습을 바탕으로 가치를 판단하여, 최종적으로 어떤 생리적 심리적 변화가 일어났는지에 따라 맛이 결정되는 것이다.
이 중에서 시각의 영향은 매우 크다.
예를 들어 밥공기에 평평하게 담은 밥보다 봉긋하게 담은 밥이 더 맛있어 보이거나, 레몬을 보기만 해도 신맛이 연상되어 침이 고이는 경험을 해본 적이 있을 것이다.
음식의 색과 모양, 윤기, 플레이팅 등의 시각적인 정보는 먹기 전에 맛을 판단하는 데 필요한 중요한 요소이다. 즉, 접시가 테이블에 운반되었을 때 먼저 눈에 들어오는 플레이팅이 식욕을 자극한다면, 기대감이 높아져서 '맛있겠다'라는 신호를 뇌에 전달한다. 플레이팅은 직접 맛보기 전에 요리의 인상을 결정하는 중요한 역할을 담당하는 것이다.

그렇다면 맛있어 보이는 플레이팅이란 어떤 것일까?
시대, 나라, 지역의 식문화, 식습관, 환경 등에 따라 요리나 플레이팅에 대한 요구는 변화되어 왔다. 예를 들어 중세유럽에서의 요리는 왕후귀족을 위한 궁중요리, 권력을 과시하기 위한 호화롭고 창조적이며 장식적인 파티용 요리가 중심이었지만, '누벨퀴진(nouvelle cuisine)'이 제창되면서 신선한 식재료를 사용하여 빠르고 심플하게 만드는 요리가 주를 이루게 되었고 플레이팅도 간소화되었다. 여기서 변하지 않는 것은 먹는 사람이 받아들이는 시각정보가 가치판단의 중요한 동기가 된다는 사실이다.

디자인의 기본과 시각으로 이미지화하는 감정

19세기 초 바실리 칸딘스키(Wassily Kandinsky, 1866~1944)는 시각에 관한 기초조형이론을 제창하였다. 그는 미술과 건축에 대해 종합적으로 가르치는 바우하우스라는 학교에서 시각에 관한 강의를 담당하였는데, 그의 시각원리는 현대미술에 큰 영향을 미쳤고 현재도 디자인을 연구하는 데 있어서 바탕이 되고 있다.

칸딘스키는 예술(회화)의 기본 요소를 '점', '선', '면'의 3가지로 나눠서 검증하고 구성의 재구축을 촉진시켰다. 현재는 이 이론을 심화시켜서 '색', '입체', '공간', '시간', '소리', '냄새' 등을 추가하여 디자인의 구성요소로 간주하게 되었다.

이러한 구성요소의 크기, 위치, 방향성, 조합 등에 의해 여러 가지 이미지가 만들어진다. 즉, 시각에서 얻은 정보에 의해 안정감, 긴장감, 약동감, 정적감 등 여러 가지 감정을 느끼게 된다는 것이다.

이처럼 시각에 의해 나타나는 심리감정과 디자인의 구성요소는 밀접한 관계가 있다. 그리고 시각의 영향을 많이 받는 플레이팅의 심리감정도 디자인의 기본적인 이론과 연결하여 생각할 수 있다.

디자인의 기본 이론을 플레이팅의 기본으로 삼는다

플레이팅은 그때그때 다른 요리로 하며, 먹는 사람에게 전달하고자 하는 메시지도 달라진다. 심리감정을 이해하기 위한 기본적인 구성요소에 대해 알면, 플레이팅을 어떻게 구성해야 할지 알 수 있게 된다. 그런 다음 독자적인 감각이나 생각, 시대가 요구하는 미의식, 독창성을 더한다면 플레이팅의 의도가 먹는 사람에게 좀 더 잘 전달되지 않을까?

이 책에서는 디자인의 기본 이론을 바탕으로 이 책의 독자적인 플레이팅에 활용하기 쉬운 요소를 제안하고, 실제로 식재료를 배치하여 요리로 표현하였다. 또한, 이를 바탕으로 디자인을 요리에 적용하여, 같은 요리라도 상황에 따라 달라지는 플레이팅을 보여준다. 플레이팅에 따라 시각적인 인상이 어떻게 변하는지 구체적으로 느껴보기 바란다.

플레이팅의 주제와 표현

실제로 플레이팅을 할 때 어떤 점에 주목해야 할까. 먼저 상대방이 요리를 통해 어떤 것을 원하는지 파악하는 것이 가장 중요하다. 그런 다음 자신이 요리를 통해 어떤 메시지를 전달하고 싶은지 분명히 하고, 그 메시지를 표현하기 위한 플레이팅의 주제와 계획을 정하는 것이 중요하다.

요리를 먹는 사람의 목적과 환경을 파악한다

실제로 플레이팅을 할 때는 먼저 요리의 기본 구성을 생각해야 한다. 그러기 위해서는 요리를 먹는 사람의 환경이나 목적 등을 파악할 필요가 있다. 6가지 항목(5w1h)으로 나눠서 생각하면 이해하기 쉽다.

① 어떤 사람이 먹는가? 사람은 나이와 성별 등에 따라 음식을 통해 얻고자 하는 것이 다르다.
② 언제 먹는가? 계절에 따라 제철재료를 사용한다. 계절에 따라 음식의 경향이 달라진다.
③ 어떤 장소에서 먹는가? 레스토랑이나 카페처럼 매장인지 또는 자신의 집인지 등 제공하는 공간이 중요하다.
④ 어떤 음식인가? 런치인지 디너인지 또는 파티인지 등에 따라 계획이 달라진다.
⑤ 목적은 무엇인가? 생일, 결혼기념일, 친구 모임, 또는 일과 관련된 모임 등 상황에 따라 달라진다.
⑥ 요리를 제공하는 스타일은? 의자에 앉아서 먹는지, 서서 먹는지 등.

이상과 같은 여러 가지 상황을 검토하여 분명히 할 필요가 있다. 식사를 하는 상황이 파악되면 어떤 요리가 적당한지, 어떤 요리를 만들어야 할지 자연히 알게 된다.

플레이팅의 주제를 결정한다

목적과 요구가 명확해지면 다음은 어떤 요리를 제공할 것인지 생각한다. 또한 그 요리를 어떤 플레이팅으로 표현할지 주제를 정한다. 예를 들면 생일에 모던하고 특별하게 연출한 플레이팅으로 서프라이즈 효과를 내거나, 건강을 중요시하는 사람에게 채소가 가진 자연의 힘이 직접적으로 전달되는 플레이팅을 해주고, 어린 시절부터 친구였던 여성들의 모임에 비스트로(음식과 와인 등을 제공하는 작은 카페)풍으로 가정적인 분위기를 살린 심플한 플레이팅을 하는 것 등이다. 플레이팅은 요리를 통해 전하고 싶은 메시지를 표현하기 위한 매체가 된다.

디자인의 기본 이론을 바탕으로 플레이팅의 구성을 완성한다

플레이팅의 주제가 결정되면 그것을 어떻게 표현할지 생각한다. 접시의 선택이나 구체적인 플레이팅의 구성을 디자인의 기본 이론을 바탕으로 검토한다. 주의할 점은 접시에는 다양한 모양이 있고, 그 모양에서 받게 되는 심리효과도 있다는 것이다. 이것도 플레이팅 연출을 좌우하는 중요한 요소가 되기 때문에 깊이 생각해서 골라야 한다.(접시에 대한 설명은 p.16~27 참조) 그리고 디자인의 기본 원리와 시각적으로 받는 인상, 효과를 바탕으로 플레이팅을 완성해간다. 사람은 겉으로 보이는 시각정보에서 여러 가지 심리감정을 느낀다. 그림이나 광고 디자인 등을 보면서 여러 가지를 느끼고 상상하는 것이 그것이다. 개인의 감각으로 독창적이고 뛰어난 플레이팅을 할 수도 있지만, 기본적인 디자인의 심리적 감정을 이해하면 보다 효과적인 플레이팅을 할 수 있다.

플레이팅의 주제를 정하기 위한 기본 흐름

★ 먹는 사람이 원하는 것과 환경을 파악한다

- **who** …… 누가 먹는가? (나이, 성별, 직업, 국적 등)
- **when** …… 언제 먹는가? (계절, 시간 등)
- **where** …… 어디서 먹는가? (레스토랑, 비스트로, 카페, 집 등)
- **what** …… 무엇을 먹는가? (런치, 디너, 파티요리, 간단한 식사 등)
- **why** …… 왜 먹는가? (생일 등의 기념일, 회식, 일상적인 식사 등)
- **how** …… 어떤 형식으로 먹는가? (자리에 앉아서 먹는다 또는 서서 먹는다 등)

★ 요리를 통해 전하고 싶은 메시지를 결정

메뉴 결정

플레이팅의 주제를 결정

★ 디자인의 기본 이론을 바탕으로 표현방법을 선택

플레이팅의 구성요소를 생각한다
- 전하고 싶은 심리감정을 표현한다.

시각효과를 고려한다
- 디자인의 기본 원리를 고려한다.

접시를 선택한다
- 플레이팅 주제에 맞게 모양, 크기 등을 고려하여 접시를 선택한다.

접시 선택의 포인트

지금은 규칙, 전통, 습관에 크게 얽매이지 않고 자유롭게 접시를 선택하지만,
일반적으로 알려진 지식과 실제로 접시를 선택할 때 고려해야 되는 포인트는 알아두는 것이 좋다.

기본 접시

예전부터 많이 사용하는 접시의 크기와 주요 용도는 알아두는 것이 좋다. 대략적인 구성은 다음과 같다.
(원형 접시를 기본으로 한다.)

- 위치접시 앉을 위치에 미리 놓아두는 접시(지름 30~32㎝)
- 디너접시 고기나 생선 요리 등을 담는 평평한 접시(지름 23~28㎝)
- 수프접시 수프나 스튜 등을 담는 깊이가 있는 접시(지름 20~23㎝)
- 디저트접시 디저트 등을 담는 평평한 접시(지름 20㎝ 정도)
- 빵접시 빵 등을 담는 평평한 접시(지름 15㎝ 정도)

※ 여기에 컵과 받침접시가 있으면 기본 구성이 된다.

앞에서 설명한 접시의 이름과 용도는 대략적인 기준 정도로 생각하기 바란다. 여기에 얽매일 필요는 없지만 먼저 기본을 안 다음 플레이팅하는 요리, 또는 플레이팅의 의도에 따라 접시의 크기 등을 자유롭게 선택하는 것이 좋다. 전통이 있고 격식을 갖추어야 하는 레스토랑이 아닌 이상 수프접시에 파스타나 샐러드를 담아도 좋고, 디저트접시에 샐러드나 전채를 담아도 좋다. 또한 최근에는 어떤 요리라도 보기 좋게 담을 수 있는 흰색 접시가 인기를 끌고 있는데, 이 책에서도 소개하는 것처럼 여러 가지 모양이나 소재의 접시가 있으므로 선택의 폭은 넓다.

테이블 크기도 접시를 선택하는 포인트

요리를 제공하는 테이블의 공간은 저마다 다르다. 고급 레스토랑이라면 여유 있는 공간에서 식사를 즐길 수 있겠지만, 비스트로 등에서는 큰 공간을 차지할 수 없다. 따라서 테이블의 길이, 너비에 따라 접시의 크기를 선택하지 않으면 안 된다. 특히, 테이블 너비에 주의해야 하는데, '1인용 접시의 2배 크기 + 퍼블릭 스페이스(공용공간)'가 필요하다. 너비가 80㎝인지 90㎝인지에 따라 큰 차이가 생기므로, 이것을 고려하는 것도 중요한 포인트 중 하나이다.

디자인을 고려한 접시 선택

우리는 무엇인가를 보았을 때 이미지나 감정을 갖게 된다. 그것은 지금까지 보아온 사물에 대한 경험과 기억에 의해 만들어진다. 접시에는 모양이 있다. 이 책에서 선택한 원형 접시, 정사각형 접시, 타원형 접시, 직사각형 접시 등 4종류의 접시는 가장 기본적인 기하학 도형으로 요리를 담을 때 자주 사용된다. 접시는 플레이팅을 하는 공간이므로 접시 모양도 플레이팅의 인상을 결정하는 중요한 요소이기 때문에 심리감정을 파악해 두는 것이 좋다.
또한 접시의 모양뿐 아니라 크기, 림(rim/테두리) 너비, 높이 등 다양한 요인이 플레이팅에 영향을 미친다.

접시 모양에서 느끼는 이미지(심리감정)

원형 접시 — 완성된 모양, 독립감, 고립감, 원만함, 따뜻함

정사각형 접시 — 안정감, 차분함, 객관적, 냉정함

타원형 접시 — 안정감, 방향성, 부드러움, 유연함

직사각형 접시 — 안도감, 친숙한 모양, 합리적이고 군더더기가 없는 모양

원형 접시

원형 접시는 요리를 제공하는 기본 식기

원형 접시는 완성된 형태이며, 다른 것과 섞이지 않는 분위기가 있다.
그런 고립감은 반대로 안에 놓인 것을 강조하여 요리가 돋보이게 해주는 효과를 발휘한다.

원 형   접 시 의   선 택   포 인 트

어디에나 사용할 수 있는 원형 접시이지만, 접시의 종류는 다양하다. 여러 종류의 접시 중에서 알맞은 접시를 선택하기 위해서는 어떻게 플레이팅할지 먼저 생각하고 선택하는 것이 중요하다. 누구에게, 어떤 상황에서, 어떤 환경에서(테이블 크기 등을 포함) 요리를 제공하는지가 포인트가 된다.

크기

지름 26cm — 대
지름 23cm — 중
지름 20cm — 소

큰 접시는 고급스러운 플레이팅이 가능하다

기본적으로 메인요리(전채, 샐러드, 파스타 등을 포함)를 담는 접시는 사이즈가 커서, 일반적으로 지름 23~28cm이다. 수프는 지름 20~23cm의 깊은 접시에 담는 것이 좋고, 디저트를 담을 때는 지름 20cm 정도의 접시가 적당하다. 물론 플레이팅 이미지에 따라 자유롭게 선택할 수 있다. 1인분을 플레이팅할 때 큰 접시를 사용하면 공간이 넓어서 고급스럽게 플레이팅할 수 있고, 대접받는 느낌이나 특별한 느낌을 연출할 수 있다. 디자인성이 높은 플레이팅을 할 때도 편하다.

림의 너비

림은 디자인에 따라 이미지가 크게 달라진다

림의 너비는 접시에 따라 다르다. 림의 너비에 가장 영향을 많이 받는 것은 접시 안에 요리를 플레이팅하는 평평한 공간을 어느 정도 확보할 수 있는지이다. 림의 너비가 넓으면 요리를 플레이팅할 공간이 작아지기 때문에 디자인하기 어렵다. 단, 림이 평평하고 높이가 낮을 경우에는(요리가 미끄러져 떨어지지 않는다면), 림도 플레이팅 공간으로 활용할 수 있어서 오히려 디자인성이 높은 플레이팅을 할 수 있다.

높이(접시를 바닥에 놓았을 때)

낮음	중간	높음

0.5cm	2.4cm	4.8cm

플레이팅의 주제와 표현방법에 따라 접시의 높이를 선택한다

원형 접시의 높이가 높다는 것은 심한 경우 옴폭하게 들어간 화분같은 모양을 말한다. 또한 높이가 낮으면 접시의 면은 거의 평평해진다. 높이를 살려서 봉긋하게 요리를 플레이팅하고 싶을 때는 높은 접시가 요리가 흘러내리지 않아서 담기 편하다. 또 국물이 많은 메뉴도 높은 접시가 아니면 넘칠 수 있다. 반면, 소스 등으로 그림을 그리는 듯한 플레이팅을 하고 싶은 경우에는 평평한 공간이 넓은 접시가 디자인하기 쉬우므로, 접시의 높이가 낮은 것을 선택한다.

정사각형 접시

차분한 안정감을 주는 정사각형 접시

원형 접시를 주로 사용하면서 변화를 주고 싶을 때 정사각형 접시를 사용하면 효과적이다. 안정적으로 균형이 잡힌 모양으로, 원형 접시의 곡선과는 달리 직선이 차가운 인상을 준다.

정사각형 접시의 선택 포인트

정사각형 접시는 존재감이 있기 때문에 제공하는 공간을 잘 고려해서 크기를 선택해야 한다. 플레이팅의 인상을 크게 변화시키는 것은 림의 너비와 접시를 바닥에 놓았을 때의 높이이다. 림의 너비와 높이에 따라 플레이팅할 수 있는 공간과 여유 공간이 달라져서 플레이팅에 큰 영향을 주기 때문에, 밸런스를 고려하여 신중하게 선택해야 한다.

크기

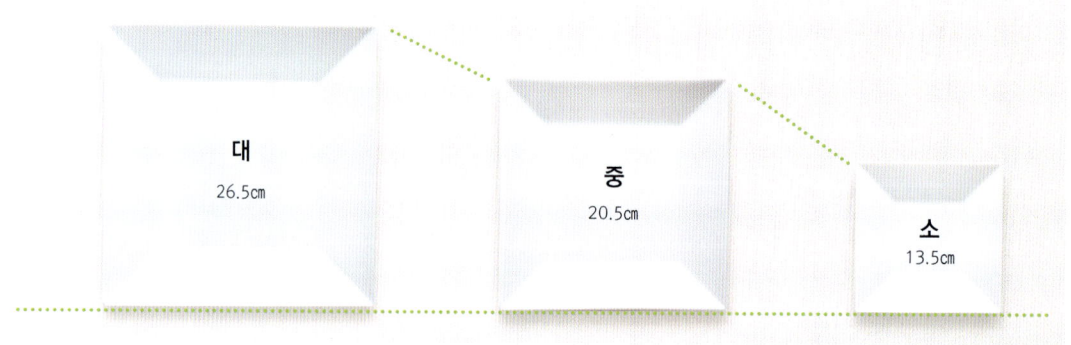

대 26.5cm 중 20.5cm 소 13.5cm

큰 접시는 공간을 살려서 플레이팅한다

큰 접시는 공간을 살려서 플레이팅하면 고급스러운 느낌이 더해진다. 또한, 여러 가지 전채요리를 한 접시에 모아서 담거나, 런치 접시처럼 여러 가지 요리를 한 접시에 담아도 안정감이 있는 접시이므로 밸런스를 맞추기 쉽다.(단, 가운데에 한 조각만 담을 때는 요리의 선과 접시의 선을 고려해야 한다.) 또한 작은 정사각형 접시에 디저트를 담으면 접시의 차가운 느낌 때문에 디저트의 달콤한 맛이 과하지 않게 느껴진다.

림의 너비

대 ← → 소

5.2cm　　2.8cm　　0.7cm

림의 너비는 플레이팅의 주제에 따라 선택한다

림의 너비에 따라 요리를 플레이팅할 수 있는 실제 면적이 결정된다. 림을 빈 공간으로 둘지, 플레이팅 공간으로 활용할지에 따라 림의 의미가 크게 달라진다. 플레이팅의 주제를 고려하여 선택한다.

높이(접시를 바닥에 놓았을 때)

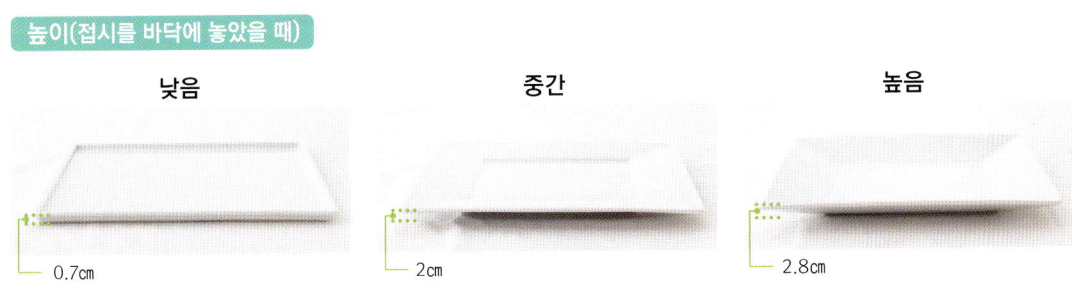

낮음　　중간　　높음

0.7cm　　2cm　　2.8cm

정사각형 접시에서는 림의 높이가 플레이팅을 좌우한다

림의 높이는 플레이팅의 인상에 큰 영향을 끼친다. 림은 어느 정도 높이가 있는 것이 고급스럽지만 실제로 플레이팅할 수 있는 공간은 림이 바로 앞부분까지이므로, 디자인할 수 있는 공간이 적어지기 때문에 주의해야 한다. 단, 평평한 접시는 쟁반처럼 공간이 넓기 때문에 소스 등으로 장식할 때 사용하는 것이 좋다.

타원형 접시

타원형 접시에는 안정성과 부드러움이 공존한다

적당한 긴장감과 안정성, 부드러운 선을 갖고 있는 타원형 접시는 식탁에 자주 등장한다. 크기에 따라 접시의 분위기가 크게 달라진다.

타원형 접시의 선택 포인트

타원형 접시는 예전에는 왕후귀족의 연회 등에서 여러 사람이 먹을 수 있는 분량의 메인요리를 담는 대형접시로 사용되었고, 현재는 격식을 차리지 않는 비스트로 등에서 사용되는 등 다양하게 활용할 수 있다. 특히 타원형 접시는 접시의 크기에 따라 플레이팅이 달라지는 경향이 있다.

크기

대 26×19cm 중 23.4×17cm 소 20.5×15cm

큰 접시는 많은 양의 요리를 담는 접시로, 작은 접시는 자유롭게

중세시대부터 큰 타원형 접시에는 많은 양의 요리를 담아 서비스했다. 현재도 그런 관습이 이어져서 많은 양의 요리를 담아서 서빙하는 플래터(대형접시)로 이용하는 경우가 많다. 즉석요리 등을 파는 델리카트슨에서 음식을 큰 타원형 접시에 담아놓는 것이 한 예이다. 또한 비스트로 등 격식을 차리지 않는 소규모 음식점에서도 작은 타원형 접시에 요리를 가득 담아 제공한다. 테이블의 너비가 좁을 때는 작은 타원형 접시가 유용하기 때문이다. 작은 접시는 앞접시로 활용해도 좋다.

림의 너비

타원형 접시에서는 림의 기능성이 중요하다

원형 접시나 정사각형 접시와는 달리 타원형 접시는 림의 너비가 플레이팅 디자인에 크게 영향을 미치지 않는다. 디자인보다는 음식을 덜어 먹을 때나 먹고 있을 때 음식이 떨어지지 않게 해주는 역할을 한다. 또한 림이 없으면 플레이팅 공간이 넓어진다.

높이(접시를 바닥에 놓았을 때)

낮음	중간	높음

2.6cm	3.4cm	3.6cm

림의 높이로 플레이팅의 편리함이 달라진다

림의 너비와 마찬가지로 림의 높이도 플레이팅하기에 편하고, 덜어 먹기에 편하며, 먹기에 편한 기능적인 역할을 담당한다. 한꺼번에 담아놓고 각자 덜어 먹게 하는 것인지, 1인분만 담는 것인지, 허물없는 사람들과 함께 나눠먹는 것인지 등, 사용하는 목적에 맞게 접시의 높이를 선택해야 한다.

직사각형 접시

안정적으로 조화를 이룬 접시는 놓는 방향에 따라 이미지가 달라진다

직사각형 접시에는 방향성이 있어서 세로로 길게 놓거나 가로로 길게 놓을 수 있다. 또한 너비에 따라 인상이 크게 달라진다.

직사각형 접시의 선택 포인트

가로세로가 다른 직사각형 접시는 손님접대, 파티, 전채요리 등 연출성이 요구되는 요리에 활용하기 좋다. 또한 기능적으로도 공간을 유용하게 사용할 수 있는 형태이므로 원형 접시나 사각형 접시 사이에 놓을 수 있고, 테이블이 좁은 비스트로 등에서도 활용할 수 있다. 세로로 놓거나 가로로 놓는 등 상황에 맞게 사용한다.

크기

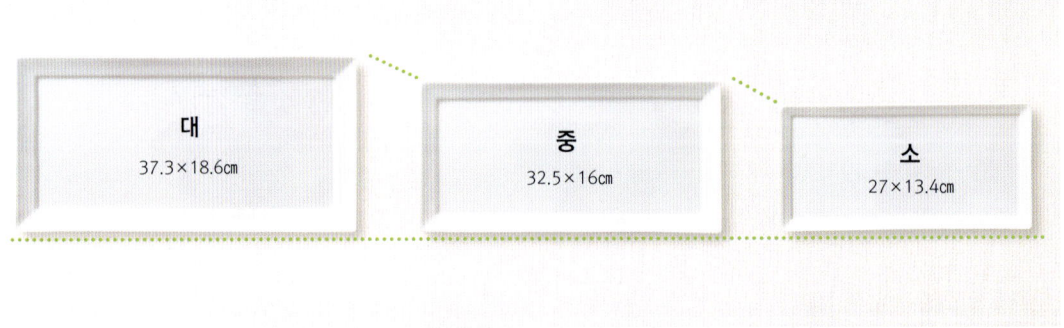

대 37.3×18.6cm
중 32.5×16cm
소 27×13.4cm

큰 접시는 파티에, 작은 접시는 앞접시로

파티 등에서는 플레이팅할 때 큰 직사각형 접시를 많이 사용한다.(명품 브랜드에서 디저트 등을 담아놓고 덜어 먹는 용도로 직사각형 접시를 판매하는 경우도 많다.) 평평한 면이 넓은 것이 많아서 사용하기 편하며, 작은 접시는 앞접시로 활용하면 좋다. 특히 테이블 너비가 좁고 공간이 좁을 경우에 유용하다.

림의 너비

림의 기능과 플레이팅의 디자인을 고려한다

림의 너비가 좁은 직사각형 접시가 플레이팅의 디자인성을 높여주는 경우가 많다. 그러나 묽은 소스나 조림 요리 등을 플레이팅할 때는 림이 필요하다. 요리 종류에 따라 선택한다.

높이(접시를 바닥에 놓았을 때)

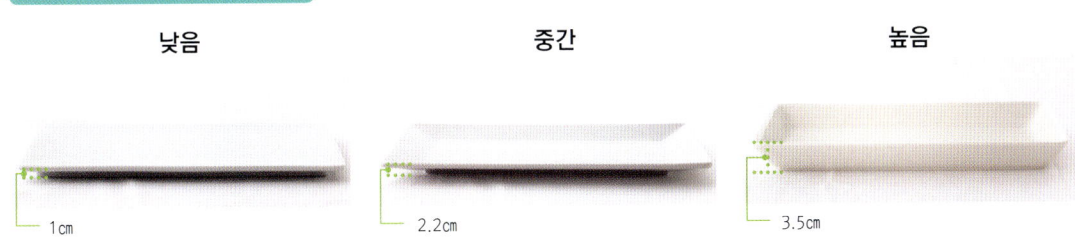

상황이나 용도에 따라 높이를 선택한다

림의 높이는 요리를 담기 편하게 해주고, 먹기 편하게 도와준다. 특히 직사각형 접시는 너비가 좁아서 림의 역할이 중요하다. 일상적으로 사용할 때나 손님접대, 파티 등 사용하는 상황을 고려하여 선택하는 것이 좋다.

플레이팅의 비교

지금까지 원형 접시, 정사각형 접시, 타원형 접시, 직사각형 접시의 특징과 선택 포인트를 설명했다. 그렇다면 실제로 요리를 담으면 어떤 느낌일까? 원형 접시를 예로 크기, 림의 너비, 높이(접시를 바닥에 놓았을 때)를 달리하여, 각각의 접시에 같은 크기의 틀로 찍어낸 연어 타르타르를 담아서 실제로 비교해보았다. 또한 원형 접시, 정사각형 접시, 타원형 접시, 직사각형 접시에도 각각 연어 타르타르를 담아서, 접시 모양에 따라 어떤 효과가 있는지 검증하였다. 시각적인 인상은 사람마다 다르기 때문에 각자 보고 느껴보기 바란다.

1. 크기가 다른 접시

대 지름 26cm
연어 타르타르를 담아도 충분한 여백이 있다. 스타일리시한 느낌을 준다.

중 지름 23cm
림, 접시의 여백, 연어의 밸런스가 맞아서 안정감이 느껴진다.

소 지름 20cm
접시의 여백이 작기 때문에 연어의 볼륨이 강조되어 커 보인다.

★ 포인트
큰 접시에 담으면 접시의 공간에 여유와 긴장감이 생겨서 고급스러워 보인다. 반대로 접시가 작으면 공간에 여유가 없고, 같은 크기의 요리라도 더 푸짐해 보인다. 격식을 차리지 않아도 되는 상황이라면, 접시가 가득 차게 플레이팅하는 편이 만족감이 높아져서 더 맛있어 보인다.

※ 타르타르(tartare)_ 육류나 생선 등을 날것으로 다져서 맛을 낸 요리.

2. 림의 너비가 다른 접시

림의 너비가 넓으면 플레이팅 공간이 좁아져서 요리에 시선이 집중된다. 모던한 플레이팅이 된다.

공간을 넓게 사용하여 여유가 느껴지는 플레이팅은 고급스러운 느낌을 준다.

대
림의 너비 6.4cm

중
림의 너비 4.5cm

소
림의 너비 2.8cm

평평한 접시
림의 너비 0cm

림의 너비가 좁으면 편안한 인상을 준다. 안정감이 있으므로 일상에서 가볍게 활용하기 좋다.

림이 없으면 디자인성이 크게 높아진다. 소스나 허브 등으로 장식하기 좋다.

⭐ 포인트

림의 너비가 넓으면 모던하고 스타일리시한 플레이팅이 된다. 또한 림의 너비가 좁으면 편안한 인상을 준다. 단, 접시에 평평한 공간이 많아지기 때문에, 소스, 향신료, 허브 등으로 디자인을 할 수 있다. 플레이팅에 따라 인상이 달라진다.

접시만 달라도 분위기가 완전히 달라진다.
접시는 요리로 전하고 싶은 메시지의 표현을 도와주는 든든한 아이템이다.

3. 높이가 다른 접시

낮음 0.5cm
중간 2.4cm
높음 4.8cm

평평한 공간은 디자인하고 싶은 마음을 자극한다. 스타일리시하게 장식하고 싶을 때 좋은 접시.

접시, 연어, 여백이 정리되어 있고 밸런스가 잘 잡힌 플레이팅.

접시가 높아지는 부분이 연어와 가까워서, 연어의 입체감이 강조된다.

⭐ **포인트**
디자인성을 높이고 싶을 때는 평평한 접시를, 입체감을 살려서 플레이팅하고 싶을 때는 높은 접시를 선택한다.

4. 모양이 다른 접시

원형 접시
밸런스가 매우 잘 잡힌 안도감 있는 플레이팅.

직사각형 접시
차분하게 가라앉는 안정감이 느껴진다.

정사각형 접시
긴장감 있는 차가운 이미지로, 딱딱하고 어려운 인상이 된다.

타원형 접시
편안하고 따뜻한 분위기.

⭐ **포인트**

디자인적인 면에서 생각하면 접시 모양에서 이미 만들어진 이미지가 있기 때문에, 같은 크기의 같은 요리를 플레이팅해도 인상이 크게 달라진다. 또한 접시의 선과 요리의 선에 통일감이 있는지 없는지에 따라서도 인상이 달라지고, 각각의 접시에 어울리는 플레이팅 방법과 어울리지 않는 플레이팅 방법도 다르다. 넓은 의미로 인상의 차이를 기억해두면 실제로 플레이팅할 때 도움이 될 것이다.

2. 디자인으로 접근하는 플레이팅
_ 기초

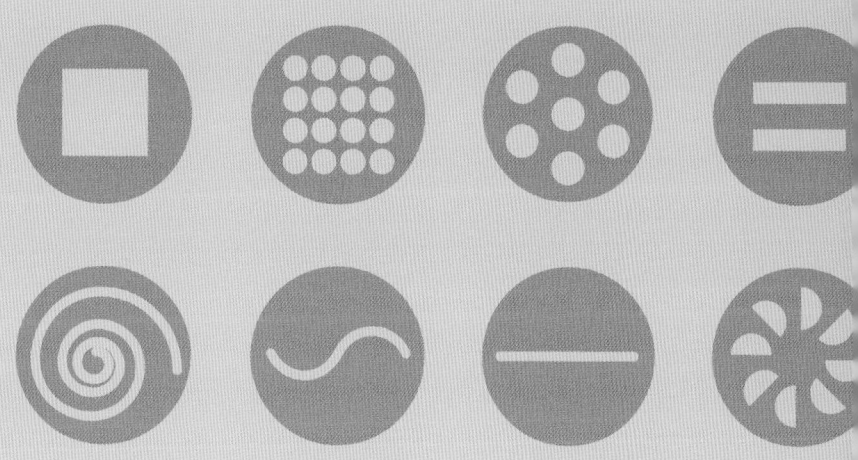

요리로 전하고 싶은 메시지를 효과적으로 표현하기 위해서, 디자인의 기본에 바탕을 둔 시각심리의 법칙을 활용하여 플레이팅의 구성을 연구하였다. 플레이팅으로 표현하기 쉬운 디자인의 기본 요소 중에서 '점', '선', '면', '입체', '색', '공간(균형)'을 표현할 수 있는 구성으로, 어디까지나 기본적인 스타일이다. 디자인을 고려한 구성도, 실제로 접시에 식재료를 담은 사진, 구체적으로 요리를 플레이팅한 사진 몇 가지를 소개한다.

point

디자인의 기본 요소인 '점'은 위치를 표시하거나 방향과 밸런스 등을 나타낸다. 일상생활에서 쉽게 볼 수 있고, 그 안에서 감정적인 표현도 느낄 수 있다.

크기(소)

크기(대)

위치(위)

위치(아래)

방향(위로)

방향(비스듬하게 오른쪽 뒤로)

여러 개의 점(직선)

여러 개이 점(곡선)

디자인에서의 '점'

'점'은 디자인의 최소 기본형태이다

수학에서는 '점'을 '위치만 있고 크기는 없는 것. 선과 선이 교차하는 곳. 유한직선의 끝'이라고 정의한다. 그러나 디자인에서 점은 존재와 위치, 크기와 모양이 함께 어우러져 표현하는 하나의 요소라고 생각한다.

'점'을 공간의 어디에 두는지, 어떤 모양으로 두는지, '점'을 여러 개 사용하여 어떻게 구성하는지 등 표현에 따라 그 의미는 크게 달라진다. 이것들은 '점'과 공간 사이에 생기는 여러 가지 느낌이 되어 우리들은 점에서 다양한 감정을 읽을 수 있게 된다.

즉, '점'으로 표현한 것이 보는 사람(받는 사람)에게 메시지로 전해지고, 심리적인 감정을 느끼게 해주는 것이다. '점'은 디자인에서 매우 중요한 역할을 담당하고 있다.

플레이팅에서 '점'을 활용한다

디자인의 '점'을 요리에 적용하고
접시와의 공간 밸런스를 고려하여 플레이팅한다

같은 요리라도 접시에 올리는 크기나 모양, 위치 등에 따라 요리의 인상이 크게 달라진다. 푸짐한 가정요리를 원한다면 접시 크기에 맞춰서 듬뿍 담되 중앙에 존재감을 살려서 플레이팅하고, 세련된 손님접대용 요리를 원한다면 큰 접시에 품위 있게 조금만 담아서 접시의 공간을 멋지게 활용한 스타일리시한 플레이팅을 할 것이다. 이것은 '점'의 크기에서 소(집쭝)와 내(손새감)에 대한 발상과 같다.

'점'은 디자인의 최소 기본형태인 동시에, 여러 가지 감정을 전달할 수 있는 요소이기도 하다. 어떤 플레이팅을 하고 싶은지 생각하고, '점' 디자인의 기본 구성도 중에서 심리감정이 가까운 것을 선택한 다음, 이미지를 확장시켜 플레이팅한다.

점 ●●●●
크기

'점'의 존재를 표현할 때는 크기가 중요하다. 공간(접시)과의 밸런스에 따라 느낌이 크게 달라지기 때문이다. 식재료를 어떤 크기로 자를지, 어느 정도의 양을 플레이팅할지 고려해야 한다.

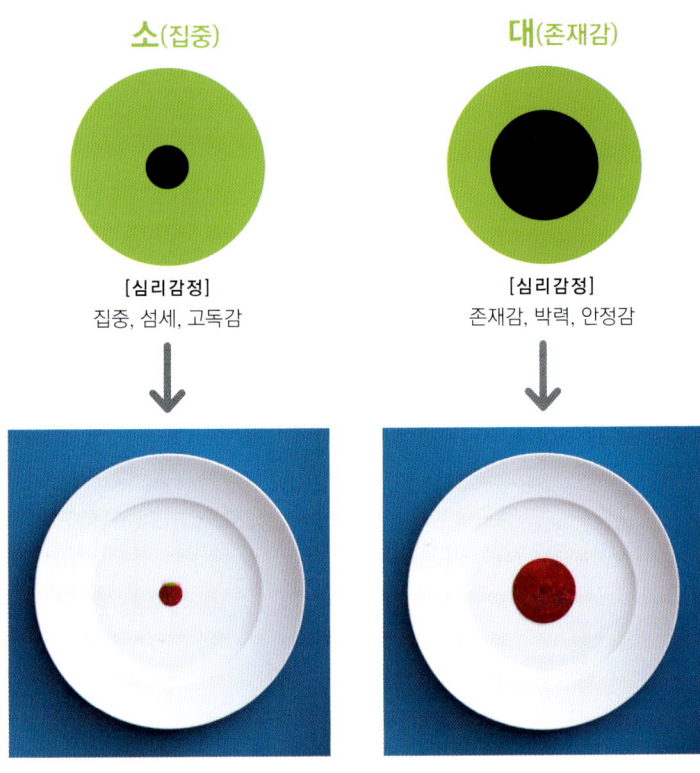

소(집중)

[심리감정]
집중, 섬세, 고독감

대(존재감)

[심리감정]
존재감, 박력, 안정감

플레이팅할 때
점의 면적이 작기 때문에 모든 시선이 하나의 점에 집중되어, 긴박감이 느껴진다. 또한 공간 안에 혼자 있기 때문에 고립된 느낌도 있고, 중심에 배치해서 안정감도 있다. 스타일리시한 플레이팅이 된다.

플레이팅할 때
면적이 커서 존재감이 강조되고, 박력이 느껴진다. 또한 묵직한 안정감이 있어서 차분한 느낌이 든다. 볼륨이 있는 따뜻한 플레이팅으로, 가정요리나 비스트로 메뉴에 어울린다.

크기 플레이팅_소(집중)

작게 만든 요리에 감칠맛을 응축시킨다

화려한 식재료를 사용한 요리나 맛이 진한 요리를 일부러 작은 크기로 제공하여 임팩트를 높인다.

방울토마토 파르시

Recipe

방울토마토는 뜨거운 물에 살짝 담가서 껍질을 벗기고 가운데 씨를 도려낸다. 게살(통조림), 깍둑썰기한 아보카도, 레몬즙, 타르타르소스를 섞어서 속을 채운다. 처빌 등으로 장식한다.

※ 파르시(farci)_ 고기, 채소 등을 채운 요리. 속에 넣는 내용물은 파르스(farce).

플레이팅 포인트

여러 가지 식재료로 고급스럽게 만든 파르스(p.105 참조)를 버무려서 방울토마토 속에 채워 넣은 요리. 내용물을 응축시켜 감칠맛도 좋고 보기에도 좋은 요리로 완성된다.

점 ●●●●

크기 플레이팅_대(존재감)

볼륨 있는 요리로 캐주얼한 느낌을 연출한다

박력 있는 크기의 요리는 마음과 배를 모두 만족시켜준다.
평소에 먹고 싶은 맛있는 요리의 플레이팅으로 좋다.

라이스 크로켓

Recipe

밥에 생크림, 잘게 썬 파르미자노 레자노 치즈, 소금, 후추를 넣어서 볶고, 걸쭉해지면 불을 끄고 한 김 식힌다. 여기에 달걀노른자를 넣고 섞은 다음 완전히 식혀서 동그랗게 뭉치고, 밀가루, 달걀물, 빵가루를 묻혀서 튀긴다. 어린잎채소가 있으면 장식한다.

플레이팅 포인트

심플한 요리를 접시 가운데에 놓는 것만으로도 존재감이 돋보인다. 어린잎채소를 곁들이면 화려한 느낌을 준다. 가정적인 플레이팅이 된다.

COLUMN 착시 이야기 1

착시란 눈의 착각을 말하는데, 눈이 착각을 일으켜서 실제와 다르게 보이는 것을 말한다. 눈으로 사물을 보면 망막에 상이 맺히고 이 정보가 뇌로 전달되어 최종적으로 어떤 것을 보고 있는지 판단한다. 따라서 착시는 뇌가 만들어 낸 것이라고도 할 수 있다. 플레이팅에서 착시현상을 잘 활용하면 시각적인 효과를 거둘 수 있다.

에빙하우스 착시

크기가 같은 2개의 원을 가운데에 놓고 각각 다른 크기의 원으로 주위를 둘러싸면, 큰 원으로 둘러싸인 원은 작은 원으로 둘러싸인 원보다 작아 보인다. 원을 다른 도형으로 바꿔도 같은 원리로 비슷한 착시현상이 일어난다.

※ 19세기 말 에빙하우스(H.Ebbinghaus)와 티체너(E.B.Tichener)가 발견.

그림1 에빙하우스 착시

그림2 원이 아닌 다른 도형을 가운데에 놓거나, 주변을 둘러싼 도형이 다른 모양이어도 같은 효과를 낼 수 있다.

델뵈프 착시

크기가 같은 2개의 원 중에서 1개는 큰 원으로 둘러싸고 다른 1개는 작은 원으로 둘러싸면, 작은 원으로 둘러싼 원이 더 커 보인다. 원이 아닌 다른 도형의 경우에도 같은 착시현상이 일어난다.

※ 19세기 중반 델뵈프(M.J.Delboeuf)가 발견.

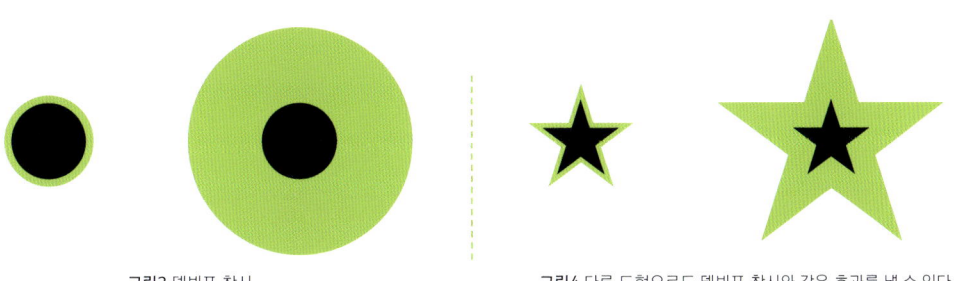

그림3 델뵈프 착시

그림4 다른 도형으로도 델뵈프 착시와 같은 효과를 낼 수 있다.

점 ●●●●

위치

공간(접시)의 어디에 '점'을 두는지에 따라, 전달되는 메시지가 달라진다. 또한 '점'이 배치된 여백에도 어떤 의미나 감정이 포함되어 있다. '점'의 위치가 미치는 영향은 매우 크다.

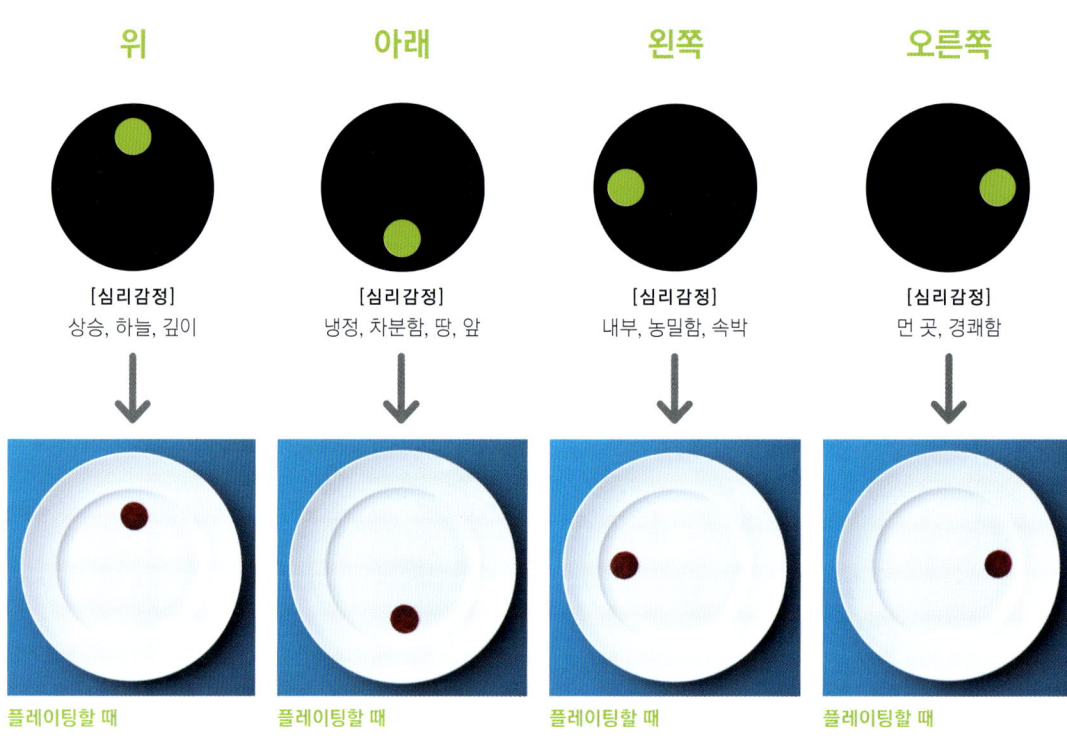

위	아래	왼쪽	오른쪽
[심리감정] 상승, 하늘, 깊이	[심리감정] 냉정, 차분함, 땅, 앞	[심리감정] 내부, 농밀함, 속박	[심리감정] 먼 곳, 경쾌함
플레이팅할 때 상승하는 듯한 가벼움을 표현할 수 있다. 또한 깊이를 표현함으로써 접시 앞쪽에서 요리의 공간성을 느낄 수 있다.	**플레이팅할 때** 차분하고 조용한 이미지. '점'에서 시작되는 넓은 공간을 접시에서 느낄 수 있지만, 요리로서는 아방가르드(avantgarde)한 배치이다.	**플레이팅할 때** '점'의 위치만으로 보면 억제된 쪽이지만, 반대로 접시의 여백에서는 해방된 공간을 느낄 수 있다. 긴장감이 있는 플레이팅이 된다.	**플레이팅할 때** 밖을 향해 퍼져나가는 느낌과 가벼움이 있지만, 접시 안에서는 종점에 도착한 듯한 이미지도 느껴진다. 차분한 느낌의 플레이팅.

※ 왼쪽 오른쪽의 기준은 그림을 주체로 하는지, 또는 보는 사람을 주체로 하는지에 따라 달라진다. 이 책에서는 보는 사람을 주체로 왼쪽 오른쪽을 표시하였다.

왼쪽 아래	오른쪽 위	왼쪽 위	오른쪽 아래
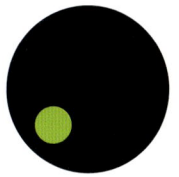			
[심리감정] 무게, 조용함, 속박	**[심리감정]** 해방감, 자유, 가벼움	**[심리감정]** 조감(내려다봄)	**[심리감정]** 냉정
↓	↓	↓	↓

플레이팅할 때

차분히 가라앉은 이미지이기는 히지만, 접시의 공간을 디히면이 '점'에서부터 무엇인가 시작되는 심리감정도 표현할 수 있다. 정적에서 움직임이 시작되는 듯한 힘이 있는 플레이팅.

플레이팅할 때

상승하는 느낌이 있으므로 자유롭고 가벼운 플레이팅에 이율린다. '점'에 다다르기까지의 공간에서 위로 상승하는 이미지가 퍼져나간다. 가벼운 요리로 표현하기 좋다.

플레이팅할 때

상승하는 느낌이 있는 것의 왼쪽은 원래 농밀감이 있으며, 접시 공간에서 보면 '점'이 아래를 향해 퍼져나가는 듯한 느낌이 든다. 방관하는 듯한 감정이 느껴진다.

플레이팅할 때

'점'이 아래쪽에 있으면 차분함과 정적감이 생긴다. 요리에 중후한 느낌을 주는 쿨한 플레이팅을 연출할 수 있다.

점

위치 플레이팅_왼쪽

심플한 플레이팅으로 요리와 접시의 공간을 표현한다

군더더기를 배제하고 응축시켜서 만든 요리를 담은 접시 위에 퍼져나가는 이미지를 전달한다.

미니 키슈

Recipe

시판되는 작은 파이틀에 볶은 양파와 베이컨, 아파레유(생크림, 달걀, 치즈)를 넣어 200℃ 오븐에 20~25분 동안 굽는다. 접시에 담고 검은 후추와 처빌로 장식한다.

플레이팅 포인트

심플한 키슈에 처빌과 검은 후추만 곁들여서 접시의 공간을 즐기는 스타일. 화려한 장식을 하지 않음으로써 밸런스를 잡는다.

위치 플레이팅_위

요리의 가벼움을 표현하기 위한 연출에 사용

건강에 좋고 가벼운 맛의 요리를 좀 더 산뜻하게 보여준다.

바질과 치즈가루를 뿌린 가리비 푸알레

🍲 **Recipe**

가리비에 소금, 후추를 뿌린 다음 올리브유를 두르고 달군 프라이팬에 올려 양면을 굽는다. 파르미자노 레자노 치즈와 바질, 마늘 간 것, 소금, 후추를 믹서에 넣고 갈아서 가루를 만든다. 가리비를 접시에 담고 가루 상태의 소스를 올린다.

※ 푸알레(Poeler)_ 버터를 이용해 팬에 굽는 프랑스의 요리 방법.

플레이팅 포인트

가리비의 흰색과 바질, 치즈가루의 녹색으로 산뜻함을 살린 요리. 접시의 위쪽(위치)에 플레이팅함으로써 좀 더 가벼운 맛을 상상할 수 있다.

위치 플레이팅_오른쪽 아래

화려한 요리를 차분한 느낌으로 보여준다

장식이나 식재료의 화려함을 일부러 쿨하게 연출하는 배치. 중후한 느낌을 더하고 싶을 때 어울린다.

훈제연어 블리니

🍲 **Recipe**

럼피시의 알을 접시에 깔고, 시판용 미니 블리니를 올린다. 잘게 자른 붉은 양파, 사워크림, 훈제연어, 딜을 올린다.

※ 블리니(blinis)_ 메밀가루와 밀가루를 넣고 얇게 부친 러시아식 팬케이크. 주로 캐비어와 함께 먹는다.

※ 럼피시(lumpfish)_ 도치과 생선. 알을 가공하여 캐비어 대체품으로 사용한다.

플레이팅 포인트

섬세하게 색을 조합하여 보기 좋게 만든 블리니를 오른쪽 아래에 배치하면, 작지만 화려한 요리에 안정감이 생긴다.

점 ● ● ● ●

방향

'점' 자체의 모양에 의해 공간(접시) 안에서 방향성이 나타난다. 요리의 '얼굴' (또는 '식재료의 얼굴') 방향을 통일함으로써 같은 효과를 얻을 수 있다.

위로

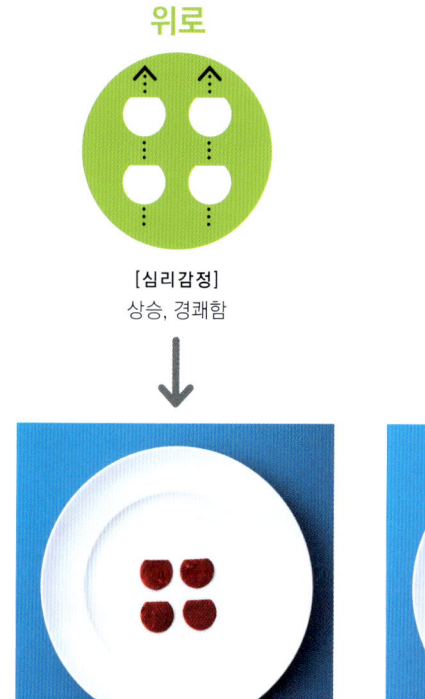

[심리감정]
상승, 경쾌함

플레이팅할 때
위로 향하는 가벼움이 느껴지는 방향성은 기분을 북돋워준다. 요리에 대한 기대감을 높이고, 설레임을 느끼게 해준다.

아래로

[심리감정]
정적, 감퇴, 차분함

플레이팅할 때
아래로 향하는 구성에서는 섬세함과 차분함이 느껴진다. 식재료 모양에 의해 안정감 있는 플레이팅이 가능하다.

왼쪽으로

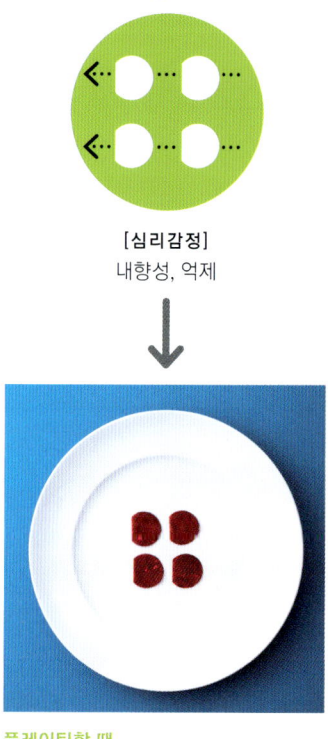

[심리감정]
내향성, 억제

플레이팅할 때
안쪽으로 향해 가는 방향성은 식재료의 본질을 추구하는 감정과 비슷하다. 식재료 자체를 상기시키는 플레이팅에 활용하면 좋다.

| 오른쪽으로 | 비스듬하게 왼쪽 위로 | 비스듬하게 오른쪽 위로 |

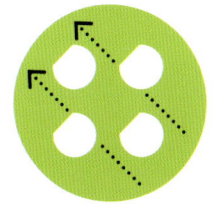 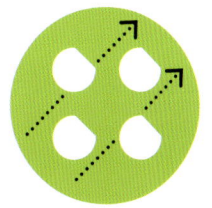 

[심리감정]
외교적, 해방감

[심리감정]
상쾌, 해방감, 편안함

[심리감정]
평온한 긴장, 유연함, 중용

플레이팅할 때
밖을 향해 가는 방향성은 지금까지 얽매여 있던 것에서 해방되어 새로운 이미지를 만들어낸다. 자유로운 발상을 바탕으로 식재료의 가능성을 시험하는 요리의 플레이팅에 활용할 수 있다.

플레이팅할 때
밝고 경쾌한 이미지의 방향성으로 온화한 공간이 만들어진다. 밝고 산뜻한 요리의 플레이팅에 활용하기 좋다.

플레이팅할 때
극단적인 상황이 아닌 기분 좋은 긴장감이 있는 공간. 모든 것을 받아들이는 유연성이 있기 때문에, 오히려 도전적인 플레이팅을 시도하기 좋다.

방향 플레이팅_아래로

식재료의 모양을 살려서 방향을 만든다

식재료의 모양을 그대로 살려서, 요리를 접시에 올리는 것만으로 방향성이 생긴다.
식재료의 모양을 고려해서 플레이팅하면 식재료의 아름다움이 좀 더 돋보인다.

바지락 에스카베체

Recipe

바지락에 와인을 넣고 찐 다음 살과 껍질을 분리한다. 껍질에 바지락 살을 다시 넣고, 작고 네모나게 썬 오이, 인삼, 셀러리, 래디시를 레몬 드레싱으로 버무려서 올린다. 크레송이 있으면 장식한다.

※ 에스카베체(escabeche)_ 생선이나 닭을 튀겨서 초절임한 스페인 요리.

플레이팅 포인트

바지락 껍질로 자연스럽게 방향이 만들어져서 움직임이 있는 플레이팅이 된다. 요리에 안정감이 있고, 껍질의 모양과 작고 알록달록한 채소로 앙증맞은 모습이 연출된다.

방향 플레이팅_비스듬하게 왼쪽 위로

요리의 얼굴을 알아볼 수 있게 플레이팅한다

한 곳에 포인트(허브를 올리는 등)를 만들어서 요리의 얼굴을 알 수 있게 플레이팅하면 방향성을 알기 쉽다.

훈제연어 무쌈말이

🍴 **Recipe**

2가지 색으로 물들인 무는 얇게 편썰어서 부드럽게 만들고, 무의 크기에 맞게 틀로 찍어낸 훈제연어 2장을 겹쳐서 꼬치 등으로 고정시킨다. 삶은 달걀노른자를 가루로 만들어서 연어 위에 뿌리고 처빌로 장식한다.

플레이팅 포인트

한쪽이 더 많이 보이게 고정하고 허브 등으로 위를 장식하면 요리의 얼굴을 알기 쉽다. 비스듬하게 위로 상승하는 가벼운 이미지의 전채요리가 된다.

점 ●●●●
여러 개의 점

'점'이 여러 개 모이면 서로의 영향으로 눈에 보이지 않는 선이 나타난다. 움직임, 리듬, 모양, 시간의 흐름까지 표현할 수 있다.

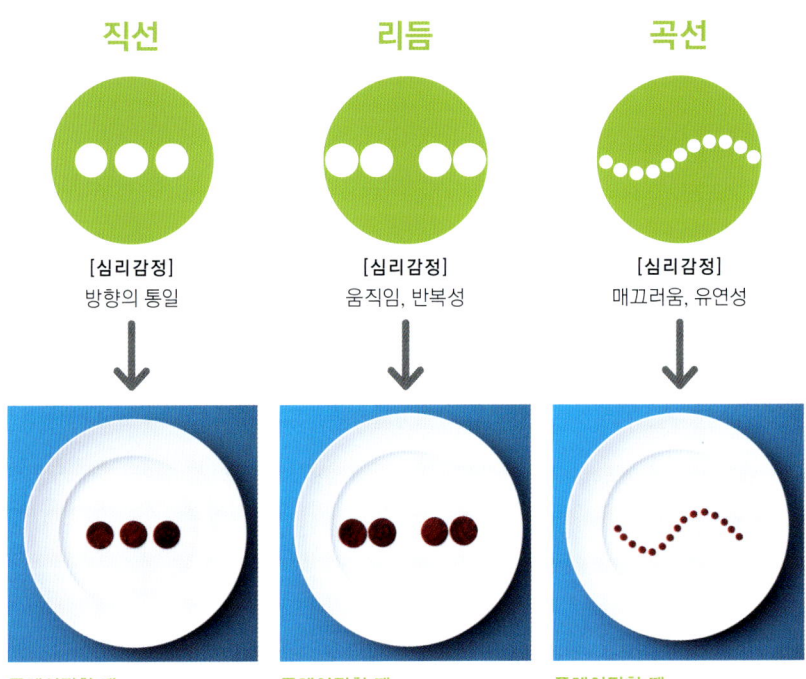

직선
[심리감정]
방향의 통일

리듬
[심리감정]
움직임, 반복성

곡선
[심리감정]
매끄러움, 유연성

플레이팅할 때
통일감이 생기는 배치로 플레이팅에 많이 활용된다. 잘 통제되어 빈틈없는 플레이팅이 된다.

플레이팅할 때
움직이지 않는 '점'이지만 여러 개의 점으로 같은 배치를 반복하면 리듬이 생긴다. 음악을 연주하는 듯한 느낌을 준다.

플레이팅할 때
물결모양의 곡선은 반지름에 따라 긴장감이 변화하고 매끄러운 느낌에 영향을 준다. '점'으로 만드는 곡선은 심플하며, 소프트한 이미지를 표현하고 싶을 때 활용한다.

원	상승	깊이	랜덤
	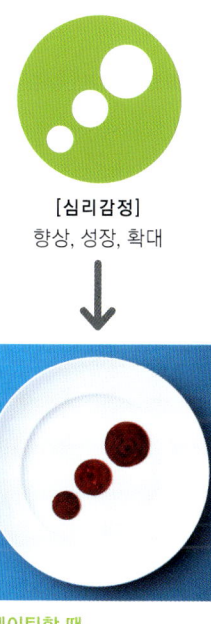		
[심리감정] 원만, 따뜻함	[심리감정] 향상, 성장, 확대	[심리감정] 넓이, 깊이, 두께	[심리감정] 자유로운, 불규칙한

플레이팅할 때
'점'으로 구성된 원은 선으로 그린 원보다 정서적이다. 완전하게 그려진 원이 아니기 때문에 따뜻함이 있다.

플레이팅할 때
위로 뻗어가는 에너지가 있는 구성. '점'이 점점 커지는 모습으로 공간에서 힘과 박력이 느껴진다. 강한 느낌의 플레이팅이 된다.

플레이팅할 때
멀리까지 무한히 퍼져나갈 것 같은 스케일이 느껴지는 구성. '점'의 크기가 변화함으로써 공간이 확산되는 느낌의 플레이팅을 연출할 수 있다.

플레이팅할 때
'점' 하나하나가 자유롭게 배치되어 서로의 개성에 영향을 미치는 구성. 무엇으로도 억압되지 않는 자연스러운 스타일을 표현하는 플레이팅에 활용한다.

점 ●●●●

여러 점의 플레이팅_랜덤

같은 모양의 식재료를 불규칙하게 배치한다

식재료를 같은 모양(자르는 경우도 포함)으로 맞추면 크기가 제각각이거나 불규칙하게 배치해도 통일감이 생긴다.

루비양파와 콩 샐러드

🍳 **Recipe**

얇게 썬 루비양파와 살짝 데친 믹스빈을 프렌치드레싱으로 마리네이드한다. 원하는 모양의 루비양파와 믹스빈을 접시에 자유롭게 올린다. 처빌이 있으면 장식한다.

※ 루비양파_ 광택이 있는 작고 붉은 양파.

플레이팅 포인트

크기가 다른 루비양파 조각 중 몇 개는 가운데 부분을 제거하여 도넛모양으로 올린다. 콩도 둥근모양이므로 자유롭게 배치해도 통일된 느낌의 플레이팅이 된다.

여러 점의 플레이팅_곡선

작은 식재료나 점성이 높은 소스 등으로 선을 만든다

매끈한 곡선을 '점'으로 표현할 때는 작은 식재료를 사용하거나, 큰 식재료를 작게 잘라서 사용한다.
소스를 사용할 때는 점도가 높아야 표정을 만들기 쉽다.

마이크로토마토와 아보카도 딥

🍲 Recipe

아보카도, 레몬즙, 사워크림, 크림치즈를 섞어서 만든 소스로 점을 찍어서 곡선을 만들고, 그 위에 마이크로토마토를 1개씩 올린다. 어린잎채소가 있으면 장식한다.

※ 마이크로토마토_ 지름 1㎝ 정도의 매우 작은 토마토. 크기가 작아서 장식용으로 사용하기 좋다.

플레이팅 포인트
곡선의 부드러운 흐름을 작은 마이크로토마토로 표현하여, 좀 더 사랑스러운 표정이 되었다. 아보카도 딥이 악센트가 된다.

여러 점의 플레이팅_상승

식재료의 모양을 살려서 평온함을 표현한다

식재료의 모양을 살린 그라데이션으로 따뜻하고 자연스러운 성장과정을 상상할 수 있다.

뿌리채소 마리네이드

🍲 Recipe

얇은 연근, 인삼, 우엉을 둥글게 썰어서 살짝 데친다. 식기 전에 커민을 넣은 드레싱에 재워서 냉장고에 넣고 식힌다. 크기는 큰 것부터 작은 것 순서로 나열한다.

플레이팅 포인트
식재료의 모양과 크기를 살린 플레이팅. 뿌리채소의 성장하는 힘이 상승하는 배치에서 느껴지는 심리감정과 잘 어울린다.

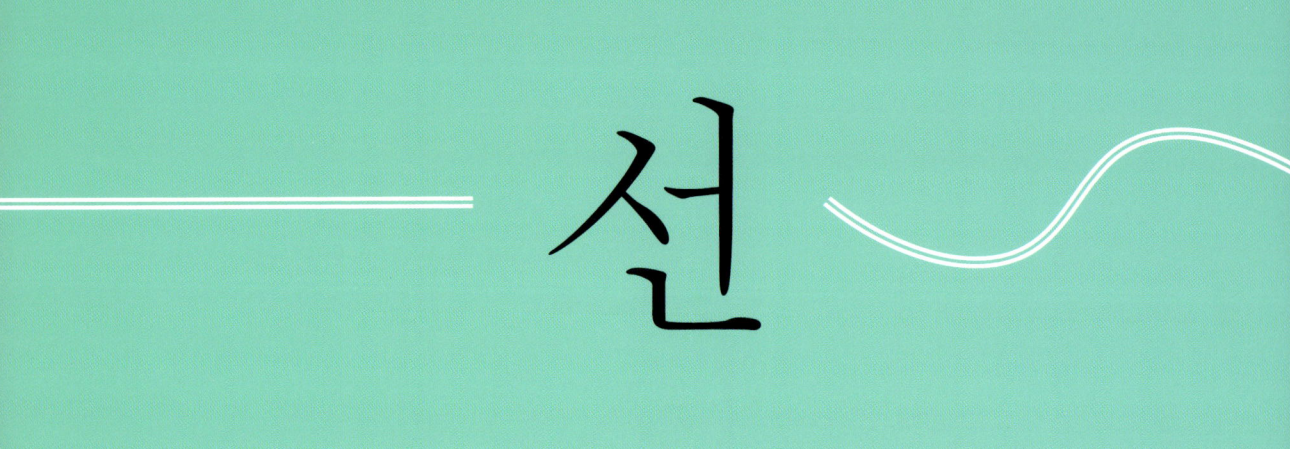

line

기하학에서 말하는 '선'이란 보이지 않는 존재이며, '점'이 움직이는 궤적이다. 디자인에서 '선'은 중요한 역할을 한다. 사물의 모양을 나타낼 뿐 아니라 움직임이나 추상적 개념, 공간을 표현할 수도 있다.

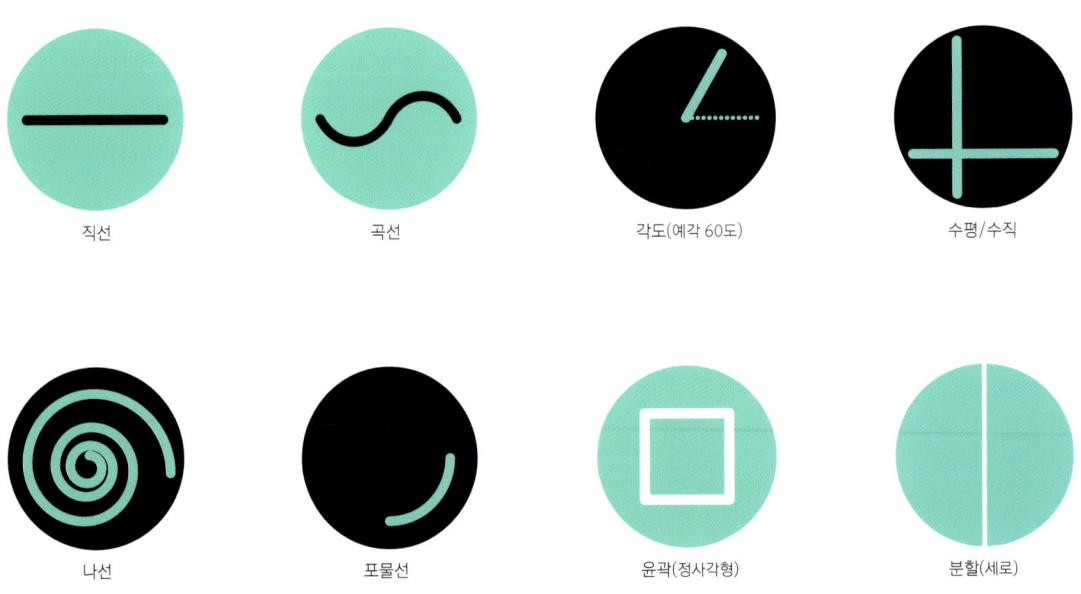

직선   곡선   각도(예각 60도)   수평/수직

나선   포물선   윤곽(정사각형)   분할(세로)

디자인에서의 '선'

'선'은 사물의 모양을 표현할 뿐 아니라
움직임과 공간 등을 만들어낸다

수학에서 '선'은 '위치 또는 길이는 있지만 너비와 두께는 없는 것. 점이 움직여서 생긴 것'이라고 정의한다.
즉, '선'은 기하학적으로는 볼 수 없는 것이지만, 디자인에서는 '선'에 두께를 더하여 방향성 등을 나타냄으로써 여러 가지 이미지를 표현할 수 있게 된다. 사물의 모양이나 움직임, 공간 등 여러 가지 표현을 가능하게 해주는 중요한 요소이다.

'선'을 요리에 활용한다

소스로 '선'을 그려서 시각효과를 활용한다

서양요리에서 소스는 요리 전체를 좌우하고, 식재료의 맛을 살려주는 중요한 조미료이다. 또한 요리를 플레이팅할 때 겉으로 보이는 아름다움을 끌어내는 중요한 역할도 한다. 요리에서는 식재료와 소스의 조화가 매우 중요하지만, 균형이 잘 맞지 않는 경우도 많다. 소스로 그린 '선'은 활용하기 쉬우므로 '선'으로 표현되는 심리감정과 기본 구성도를 참고하여, 플레이팅으로 의도하는 표현을 독창적으로 발전시켜보자.

선

직선 · 곡선

직선은 '점'이 외부의 힘에 의해 어떤 방향으로 움직인 것이다. 마찬가지로 곡선은 2개의 외부 힘이 동시에 작용하지만 한쪽의 힘이 항상 강할 때 나타난다. 이 2가지가 가장 기본적인 '선'이다.

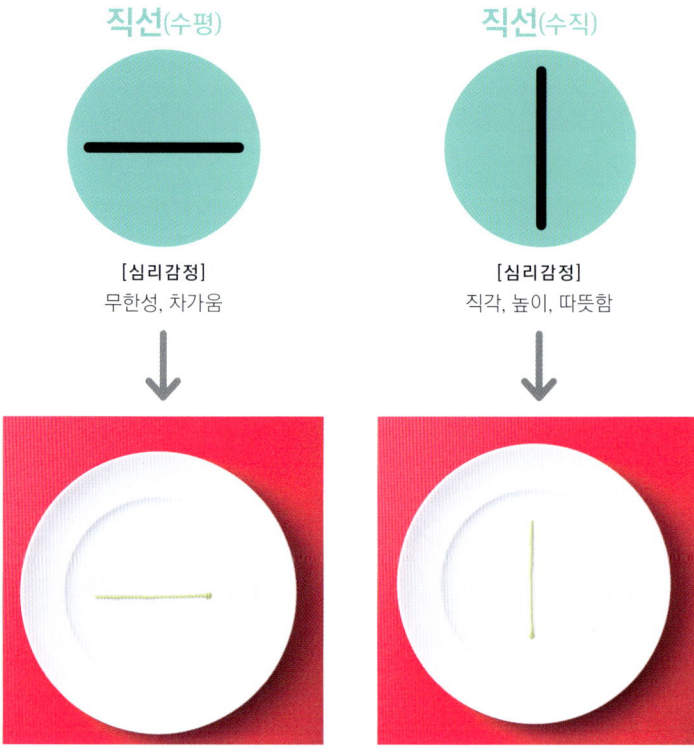

직선(수평)

[심리감정]
무한성, 차가움

직선(수직)

[심리감정]
직각, 높이, 따뜻함

플레이팅할 때
가장 간결한 '선' 중 하나. 평평하게 퍼져 나가는 이미지로 차갑게 느껴진다. 심플한 직선이지만 딱딱하게 굳은 인상을 주기 때문에 효과적으로 사용해야 한다.

플레이팅할 때
수평과 대립하는 관계이며, 따뜻하고 무한한 가능성을 표현한다. 가장 심플한 '선'으로 안도감을 준다.

곡선(같은 반지름의 물결선)

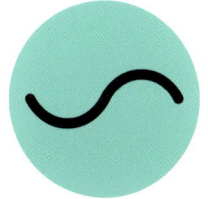

[심리감정]
긴장과 융화, 균일

플레이팅할 때
외부에서의 긴장이 같은 힘으로 가해진 곡선은 매우 규칙적으로 보인다. 부드러우면서도 통제된, 밸런스가 잘 맞는 플레이팅이 된다.

곡선(자유로운 물결선)

[심리감정]
자유, 불규칙

플레이팅할 때
외부의 압력이 불규칙하게 가해진 곡선. 자유롭고 편안하며 개성적인 표현이 가능해서 다양하게 활용할 수 있다.

선

직선 플레이팅_수평

식재료 모양을 소스와 통일시킨다

식재료의 모양이나 자른 모양을 직선처럼 길고 가늘게 만들어서 소스와 일체감을 준다.

와사비를 넣은 매시트포테이토와 절인 참치

🍲 **Recipe**

참치는 간장과 청주로 절인 다음, 뜨거운 프라이팬에 겉면을 살짝 익혀서 2.5㎝ 두께로 자른다. 생크림을 넣어 묽게 만든 매시트포테이토에 와사비를 섞는다. 색깔이 너무 연하면 가루녹차로 색을 낸다. 와사비를 넣은 매시트포테이토로 접시에 선을 그리고, 그 위에 참치를 올린다. 새싹채소(자소엽)를 악센트로 올린다.

플레이팅 포인트

참치와 소스의 배치로 심플한 수평선이 나타난다. 고운 연두색의 매시트포테이토가 긴장감을 누그러뜨려 조화로운 플레이팅이 된다.

곡선 플레이팅_자유로운 물결선

소스로 자유롭게 그린 곡선이 요리에 움직임을 만들어 준다
심플한 요리도 소스의 색깔이나 그리는 방법에 따라 약동감 있는 플레이팅이 된다.

칠리 소스와 닭날개 튤립튀김

🍲 Recipe
닭날개는 뼈를 1개만 남기고 잘라낸 다음 뼈를 잡고 살을 뒤집어서 튤립모양을 만들고, 소금, 후추, 생강으로 밑간을 한다. 전분가루를 뿌려서 180℃ 기름에 튀긴다. 접시에 칠리소스로 곡선을 그리고, 튀긴 닭날개를 올린다. 처빌이 있으면 장식한다.

플레이팅 포인트
칠리소스로 불규칙하고 자유로운 곡선을 그리면 접시에 리듬이 생긴다. 처빌이 잡아주는 느낌이다.

선

각도 (사선)

'각도'란 2개의 직선이 교차하는 사이의 벌어진 정도를 말하며, 2개의 힘이 충돌한 결과에 의한 것이다. '각도'의 성질은 벌어진 크기에 따라 다르다. 요리에 적용하기 쉽도록 이 책에서는 '각도'를 '사선 기울기의 각도'로 정한다.

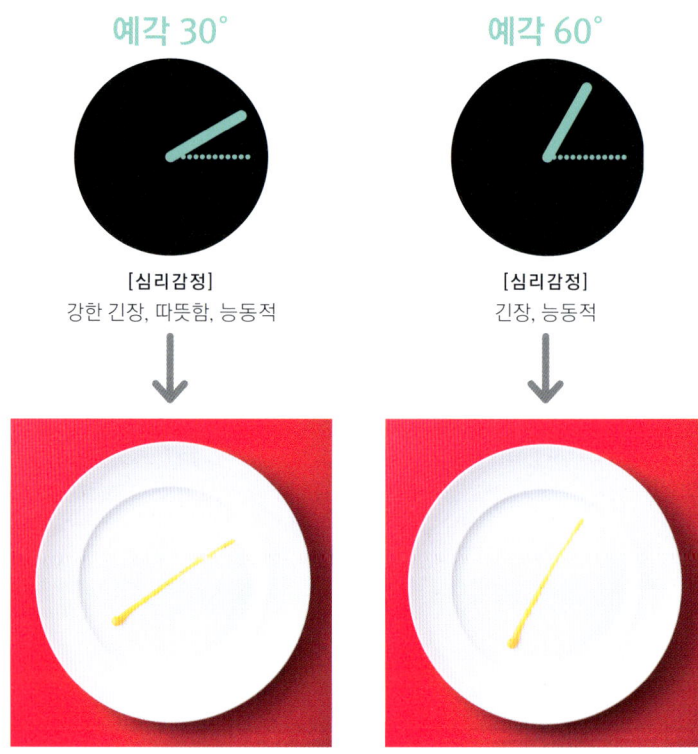

예각 30°

[심리감정]
강한 긴장, 따뜻함, 능동적

플레이팅할 때
밖으로 향하는 힘에 당기는 힘이 강하게 가해져 긴장의 정도가 높아진다. 활력이 넘치는 힘찬 플레이팅에 적합하다.

예각 60°

[심리감정]
긴장, 능동적

플레이팅할 때
밖으로 향하는 힘이 앞쪽으로 나타나는 각도. 요리에 움직임이나 힘을 이미지화하고 싶을 때 활용할 수 있는 플레이팅.

직각 90°

[심리감정]
객관적, 냉정

↓

플레이팅할 때

수평선과 수직선이 교차하면서 만드는 각도가 직각이다. 서로 상반된 성질을 동시에 갖기 때문에 매우 냉정하고 감정이 느껴지지 않는 인상이 된다.

둔각 120°

[심리감정]
내향적, 수동적

↓

플레이팅할 때

안으로 향하는 힘이 작용하는 각도. 조금 섬세한 이미지를 표현하고 싶을 때 사용한다.

둔각 150°

[심리감정]
이완, 수동적, 차가움

↓

플레이팅할 때

긴장이 풀어져서 힘이 빠진 느낌과 수동성이 느껴지며, 180°에 무한히 가까워질수록 평면이 느껴진다.

선

각도 플레이팅_예각 60°

밖을 향해 튕겨나가는 힘을 소스로 표현

밖으로 뛰쳐나가려는 움직임을 표현하는 각도에서 날카로움과 속도감이 느껴진다.
요리에 힘과 활력이 가미된다.

겨자와 케첩소스를 곁들인 미니 춘권

🍲 Recipe

춘권피를 1/4 크기로 잘라서 바질과 아보카도, 모차렐라 치즈를 올린 다음, 소금과 후추로 간을 하여 작게 만든다. 160℃ 기름에 노릇하게 튀긴다. 솔에 케첩과 겨자를 묻혀서 접시에 솔자국을 만들고, 그 위에 춘권을 올린다.

플레이팅 포인트

케첩과 겨자의 2가지 색으로 선을 그려서, 밖을 향해 나아가는 강한 힘을 표현하였다. 힘이 느껴지는 플레이팅.

각도 플레이팅_예각 30°

넘치는 힘을 소스의 강렬함으로 표현

밖으로 향하는 에너지와 억제하려는 강한 긴장감이 공존하는 각도.
다이나믹한 강렬함이 연출된다.

발사믹 소스를 곁들인 뿌리채소 소테

Recipe

둥글게 썬 연근, 마늘, 루비양파, 미니 양하에 소금과 후추로 간을 한 다음, 프라이팬에 올려서 노릇해질 때까지 굽는다. 접시 위에 발사믹 소스로 솔자국을 만들고, 그 위에 구운 뿌리채소를 올린다.

플레이팅 포인트

가장 긴장감이 느껴지는 각도를 발사믹소스로 그린 굵은 선이 잘 받아내는 느낌이다. 뿌리채소가 가진 힘과 융합하여 강렬한 플레이팅이 된다.

선　여러 개의 직선

2개 이상의 '선'이 같은 공간에 있을 때, 그 '선'은 서로 어떤 영향을 미칠까. 플레이팅에서 기본적인 발상이 될 수 있는 것을 예로 들었다.

수평선/수직선

[심리감정]
객관적, 차가움

플레이팅할 때
대립되는 2개의 선이 만나면 힘의 관계가 균등하여 긴장감이 균형을 이룬 상태가 된다. 균형잡힌 플레이팅이 된다.

수평선/수직선/사선

[심리감정]
침묵, 경직

플레이팅할 때
모든 선의 힘이 모여서 움직이지 않는 느낌을 준다. 각각의 선의 길이를 불규칙하게 하면 극적인 약동감이 생긴다.

중심을 교차하는 직선	중심을 교차하지 않는 직선 (공통 교차점이 있다)	중심을 교차하지 않는 직선 (공통 교차점이 없다)

[심리감정]
밸런스

[심리감정]
균형과 느슨한 긴장

[심리감정]
자유, 긴장

↓ ↓ ↓

플레이팅할 때

자유로운 직선이지만 모든 선이 중심을 통과하기 때문에 서로의 긴장감이 밸런스를 이룬다. 원하는 대로 그릴 수 있지만, 안정된 플레이팅이 된다.

플레이팅할 때

수평선과 수직선이 균형을 이룬 상태에서 자유로운 직선의 존재로 긴장이 완화되는 느낌이다. 차분하지만 재미를 더할 수 있다.

플레이팅할 때

자유로운 직선이 각각 서로 영향을 주고받으며 존재한다. 그 긴장은 불안정하며 가능성을 내포하고 있다. 자유로운 발상의 플레이팅에 적합하다.

선

여러 직선의 플레이팅_중심을 교차하는 직선

선의 길이를 달리해서 움직임을 만든다

자유롭게 그린 직선도 중심을 지남으로써 안정된 느낌이 된다.
약동감과 리듬을 표현하기 위해 선의 길이를 다르게 하면 효과적이다.

스테이크와 감자튀김

🍲 **Recipe**

소고기는 소금과 후추를 뿌려서 뜨겁게 달군 프라이팬에 굽는다. 감자는 깍둑썰기해서 튀긴 다음 소금을 뿌린다. 접시에 데미그라스소스로 선을 그리고, 스테이크와 감자튀김을 올린다.

플레이팅 포인트

가늘고 길게 자른 스테이크, 깍둑썰기한 감자튀김, 소스로 그린 선은 모두 직선을 나타내지만, 소스로 자유롭게 그린 선 때문에 좀 더 활동적이고 편안한 느낌이 된다.

여러 직선의 플레이팅_중심을 교차하지 않는 직선

소스로 안도감과 재미를 모두 가진 선을 그린다

식재료의 모양이 다양하기 때문에 소스로 차분한 느낌의 선을 그려서 플레이팅의 밸런스를 맞춘다.

양송이, 마, 베이컨 구이

🍲 **Recipe**

베이컨과 콩소메로 데친 마는 오븐에 넣고 전체적으로 노릇하게 굽는다. 접시에 바질소스로 선을 그리고, 구운 마, 베이컨, 둥글게 썬 양송이를 담는다.

플레이팅 포인트

동글동글한 마, 도넛모양의 양송이, 길게 자른 베이컨 등 식재료의 다양한 모양을 살린 플레이팅. 재미와 냉정함이 균형을 이룬 소스의 이미지로 통일감이 생긴다.

여러 직선의 플레이팅_수평선/수직선

소스로 그린 선이 안정감을 더해준다

소스로 그린 차분한 선이 요리의 독특한 이미지를 없애준다.

파프리카 무스를 곁들인 도미 카르파초

🍲 **Recipe**

접시에 토마토소스로 선을 그리고 얇게 썬 도미를 올린 다음, 구워서 페이스트로 만든 파프리카에 생크림, 젤라틴을 넣고 무스를 만들어서 곁들인다. 검은 후추를 뿌리고, 어린잎채소가 있으면 장식한다.

플레이팅 포인트

새로운 메뉴이지만 도미껍질의 붉은색, 파프리카무스의 오렌지색, 토마토소스의 붉은색 등 식재료와 소스를 붉은색 계열로 통일한 플레이팅에 소스로 그린 선이 잘 어울린다.

선

포물선·원·나선

직선이 가진 2개의 긴장감을 넘어선 3번째 긴장감이 생기면 활처럼 굽은 포물선이 만들어진다. 또한 2개의 긴장감이 같은 조건으로 (한쪽의 힘이 세며, 같은 밸런스로 작용) 전진하면, 곡선은 원이 된다. 나선은 그런 긴장감이 불규칙할 때 만들어진다. 이런 곡선들은 플레이팅에서 활용도가 매우 높다.

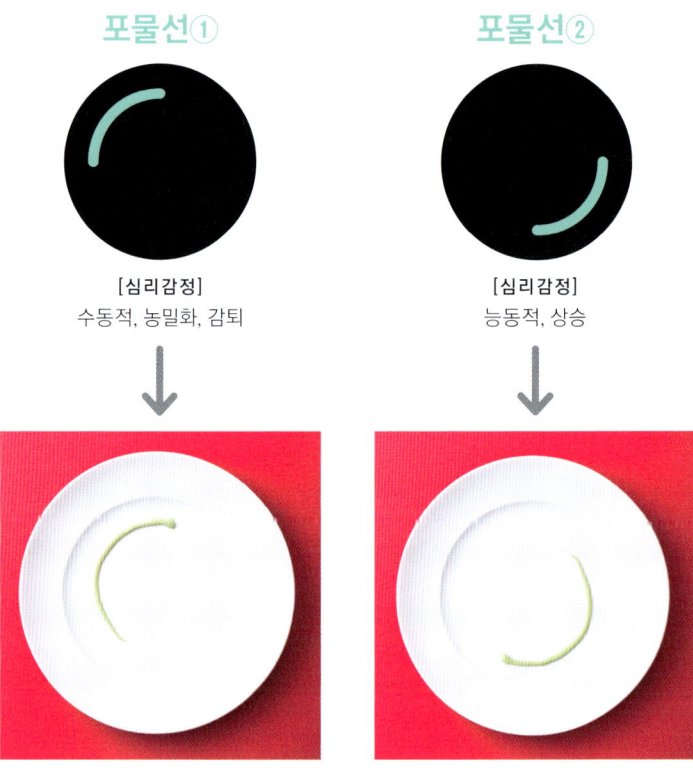

포물선①

[심리감정]
수동적, 농밀화, 감퇴

플레이팅할 때
밑으로 내려가는 느낌이지만, 상승하기 위한 준비단계이다. 차분하고 공격성이 없는 이미지를 원할 때 활용한다.

포물선②

[심리감정]
능동적, 상승

플레이팅할 때
상승하는 긴장감이 높아지는 느낌을 준다. 식재료의 힘이나 평온함을 표현하고 싶을 때 활용한다.

원	나선
[심리감정] 원만, 독립, 성숙	[심리감정] 운동성, 생명력

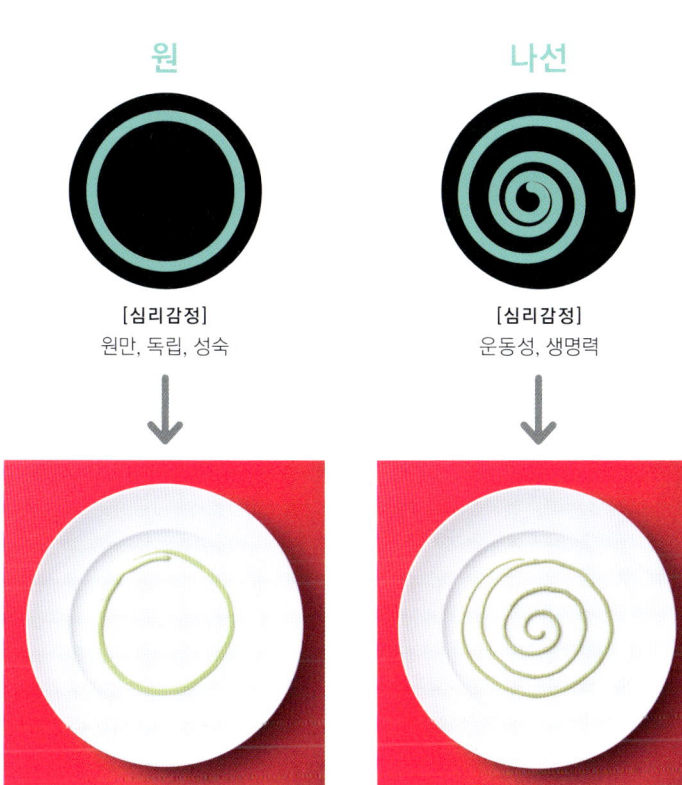

플레이팅할 때

선으로 그린 완벽한 원은 식재료를 받아들이기 어렵다. 플레이팅을 할 때는 불규칙성을 조금 가미하는 것이 좋다.

플레이팅할 때

나선은 반복운동이지만 같은 위치를 통과하지 않는다. 계속 성장해가는 이미지가 있기 때문에 움직임이 있는 플레이팅이 된다.

선

나선 플레이팅

요리를 나선의 어느 위치에 올리는지에 따라서 인상이 달라진다

나선은 반복운동이고 상승하는 긴장감의 강도가 위치에 따라 다르므로, 표현하고 싶은 대로 요리의 위치를 바꾼다.

파프리카 크림 소스와 테린

Recipe

돼지고기 간 것, 돼지간, 닭간, 양파, 에샬로트, 소금, 검은 후추, 그린페퍼, 브랜디, 달걀을 믹서에 넣고 간다. 테린 틀에 넣고 중탕으로 익혀서 오븐에 굽고, 하룻밤 냉장고에 넣고 식혀서 자른다. 접시에 파프리카 크림소스로 나선을 그리고 테린을 올린 다음, 이탈리안 파슬리가 있으면 장식한다.

플레이팅 포인트

나선에서 상승하는 긴장감이 높아지는 위치(위쪽)에 테린을 올리면 기대감이 높아진다. 요리를 기다리며 설레이는 마음이 커진다.

※ 테린(terrine)_ 생선·닭고기 등을 갈아서 조미하여 찐 것.

포물선② 플레이팅

소스로 요리의 묵직한 느낌을 덜어준다
요리의 볼륨과 색깔 등이 무거운 느낌이 되지 않도록, 소스로 상승하는 느낌이 있는 선을 그려서 가볍게 만든다.

망고소스와 흑초 돼지고기 튀김

Recipe
돼지고기는 한입크기로 잘라서 튀김옷을 입혀 튀긴다. 연근도 한입크기로 잘라서 그대로 튀긴다. 흑초소스를 한소끔 끓여서 튀긴 돼지고기와 연근을 넣고 버무린다. 접시에 망고소스로 포물선을 그리고, 돼지고기 튀김을 올린다.

플레이팅 포인트
돼지고기와 연근 튀김이 무거워 보이지 않도록, 노란색 망고소스로 가볍게 만든다.

※ 흑초소스_ 흑초, 간장, 전분가루 등으로 만든 소스.

원 플레이팅

조금 찌그러진 원을 그린다
불규칙하게 그린 원은 요리와 궁합도 좋고 개성도 살릴 수 있다. 소스로 원을 그릴 때는 너무 완벽하지 않은 것이 좋다.

발사믹소스와 금눈돔 소테

Recipe
금눈돔은 막대모양으로 잘라서 소금과 후추를 뿌리고, 얇게 썬 마늘을 넣고 가열한 올리브유로 튀기듯이 굽는다. 접시에 발사믹소스로 원을 그리고 금눈돔, 양상추, 처빌을 올린다.

플레이팅 포인트
밸런스를 맞춰서 담은 금눈돔 주위에 발사믹소스로 불규칙한 원을 그리면, 세련된 느낌의 플레이팅이 된다.

선

윤곽·분할

윤곽이란 모양을 '선'으로 둘러싸서 그 모양 자체를 인식하는 것을 말한다. 또한 분할이란 공간에 '선'을 그어 여러 개의 공간을 만드는 것이다. '선'이면서도 '면'에 가깝게 느껴진다.

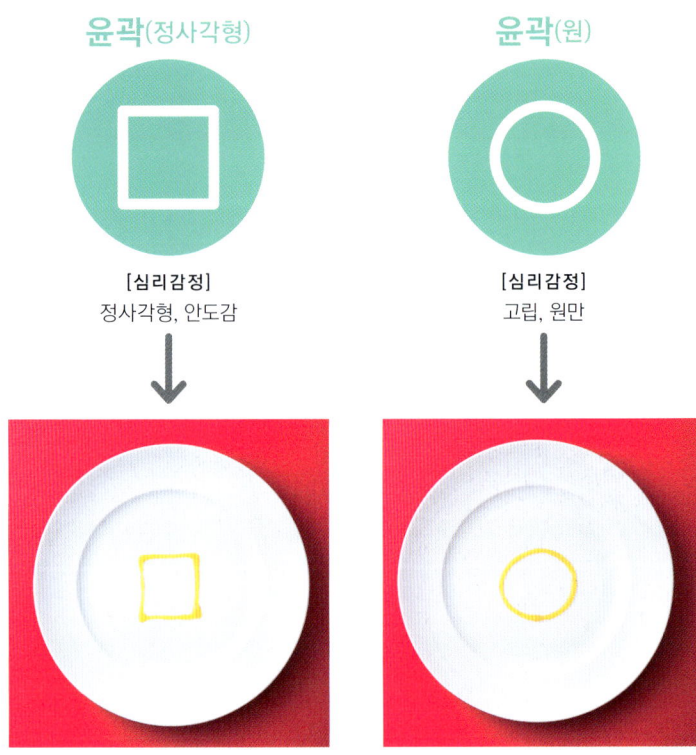

윤곽(정사각형)

[심리감정]
정사각형, 안도감

윤곽(원)

[심리감정]
고립, 원만

플레이팅할 때
수평선과 수직선이 균등하게 균형을 이룬 모양. 안정감이 있고 친숙한 플레이팅이 된다.

플레이팅할 때
다른 요소와 섞기 어렵고, 상징성을 나타내고 싶을 때 사용한다. 도구를 사용하지 않고 손으로 자연스럽게 그리면 따뜻한 느낌의 플레이팅이 된다.

분할(세로)

[심리감정]
왼쪽·오른쪽, 각각의 독립

↓

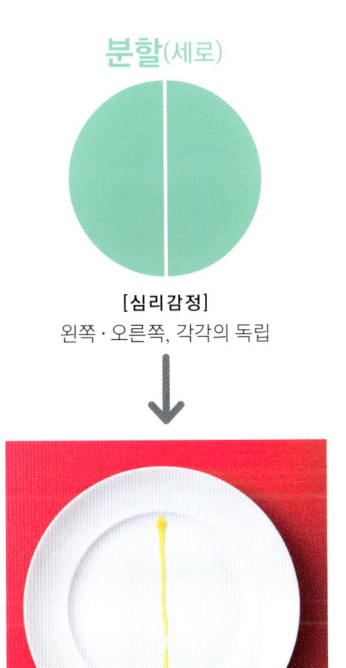

플레이팅할 때
왼쪽과 오른쪽으로 나뉜 2개의 공간이 분명히 인식되고, 서로의 관계성에 주목하게 된다. 완전히 다른 요리를 같은 접시에 플레이딩힐 때나, 소스와 요리로 나눠서 관련성을 표현하고 싶을 때 등 의도가 중요하다.

분할(가로)

[심리감정]
위아래, 윗부분을 중시

↓

플레이팅할 때
위아래로 나누면 착시에 의해 윗부분이 커 보여서 주목하게 된다. 기발한 모양으로 재미있게 플레이팅해도 좋다.

분할(황금분할)

[심리감정]
미의 밸런스, 황금비율

↓

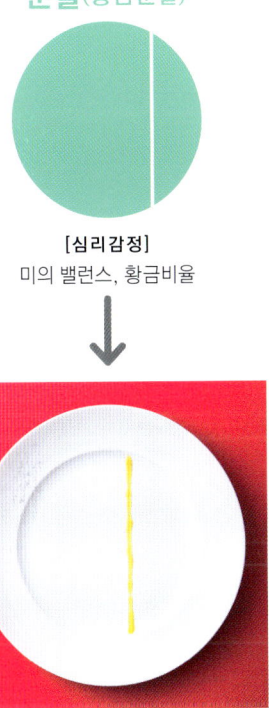

플레이팅할 때
예로부터 가장 안정적이고 아름다운 비율로 알려진 '황금비율'. 자연계에도 이 비율을 가진 것이 많이 존재한다. 고민될 때는 '1:1.618' 비율을 활용한다.

선

윤곽 플레이팅_정사각형

손으로 자연스럽게 그린 정사각형 윤곽으로 재미를 준다

정사각형으로 정확하게 자른 요리와 투박하고 자연스럽게 그린 선의 대비가 알맞게 밸런스를 이룬 플레이팅.

오로라 소스와 파슬리를 넣은 토르티야

🍲 **Recipe**

다진 파슬리, 볶은 감자, 양파를 달걀과 섞는다. 프라이팬에 마늘과 올리브유를 넣고 달군 다음, 채소를 넣은 달걀물을 붓고 가끔씩 저으면서 약한 불로 굽는다. 정사각형으로 자르고 주위에 오로라소스로 윤곽을 그린다.

플레이팅 포인트

소스로 자연스럽게 정사각형을 그리면 편안하고 따뜻한 플레이팅이 된다. 둥근 모양의 토르티야를 정사각형으로 자른 의외성이 재미있다.

※ 오로라 소스_ 토마토 퓌레를 넣은 베샤멜 소스.

분할 플레이팅_세로

주재료와 곁들이는 재료의 대등한 관계

접시를 2등분하여 요리를 배치하면 볼륨감의 차이에 관계없이 대등하게 균형을 이룬다.

배와 생햄 밀푀유

🍲 **Recipe**

배와 생햄은 원형틀로 찍어낸 다음, 사이에 올리브유와 검은 후추를 뿌리고 순서대로 겹쳐서 반으로 자른다. 발사믹소스로 선을 그린 다음, 왼쪽은 배와 생햄을 담고 오른쪽은 녹색채소로 장식한다.

플레이팅 포인트

배와 생햄으로 만든 밀푀유와 녹색채소의 실제 볼륨은 2:1 정도로 차이가 나지만, 접시 공간을 대등하게 나누면 양쪽에 똑같이 주목하게 된다.

surface

'선'이 '점'의 집합체인 것처럼 '면'도 '선'이 모여서 형성된다. 사물의 모양과 공간을 표현하는 중요한 요소 중 하나이다.

원

삼각형

정사각형

디자인에서의 '면'

사물의 모양과 공간을 표현한다

수학에서는 '면'을 '평면. 넓이는 있지만 두께가 없는 것'이라고 정의한다. 기본적으로 '면'은 2개의 수평선과 2개의 수직선으로 이루어져 있으며, 서로 간의 밸런스와 외부에서 오는 긴장감에 의한 압력으로 변형된다. 즉, 각각의 사물의 모양을 표현하게 된다. 또한 '면'을 배치함으로써 공간과의 관계성, 경계와 범위를 표시할 수 있다.

플레이팅에서 '면'을 활용한다

식재료에 '면(모양)'을 만들어서 연출성을 높인다

식재료는 다양한 '면(모양)'으로 만들 수 있다. 예를 들어 가리비의 경우 얇게 썰어서 둥근 모양을 살리거나, 가늘게 썰어서 다른 식재료와 함께 원형틀 안에 넣고 모양을 만들 수도 있고, 무스 상태로 만들어서 사각형틀로 찍어내는 등 여러 가지 '면(모양)'으로 만들 수 있으며, '면(모양)'에 따라 요리의 인상이 크게 달라진다. '면(모양)'에는 표현되는 감정이 있기 때문에 각각의 플레이팅 의도와 관련 있는 것을 선택하여 활용하면, 완성된 요리의 연출효과를 높여준다.

면

모양을 표현하는 면

식재료를 어떤 모양으로 만드는지에 따라서 요리의 인상은 크게 달라진다.
기본적인 모양으로 어떤 표현을 할 수 있는지 알아두자.

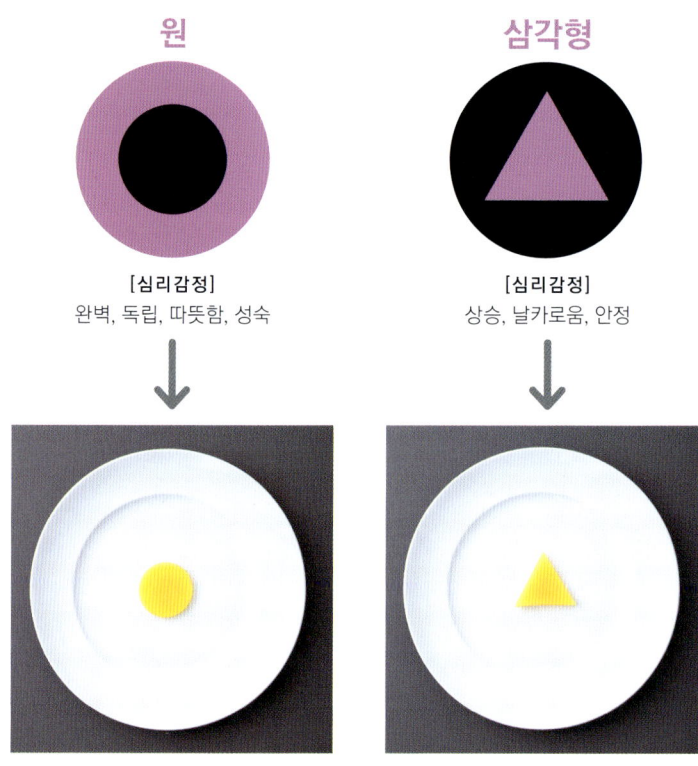

원

[심리감정]
완벽, 독립, 따뜻함, 성숙

플레이팅할 때
완전히 동그란 원에는 다른 것을 용납하지 않는 완벽한 존재감이 있다. 그러나 색이나 모양을 러프하게 만들면 인상이 크게 달라지고, 따뜻함이 생긴다. 다양한 플레이팅에 활용할 수 있는 모양이다.

삼각형

[심리감정]
상승, 날카로움, 안정

플레이팅할 때
삼각형은 각도에 따라 이미지가 크게 달라진다. 예각일 때는 위로 뻗어나가는 강한 생명력이 느껴지고, 둔각일 때는 묵직하고 안정된 느낌을 연출할 수 있다.

정사각형

[심리감정]
객관적, 균형

플레이팅할 때

정사각형은 가장 균형이 잘 잡힌 안정된 모양이다. 자연에서 정사각형 식재료를 찾기는 어렵지만, 식재료를 정사각형으로 만든다는 발상은 플레이팅의 폭을 넓혀준다.

타원형

[심리감정]
방향성, 안도감

플레이팅할 때

원보다 안정감이 있지만 세로로 놓는지, 가로로 놓는지에 따라 인상이 크게 달라진다. 또한 장축과 단축의 길이에 따라 표정이 달라지므로 여러 가지로 시도해 볼 수 있다.

직사각형

[심리감정]
안정감

플레이팅할 때

직사각형은 4개의 각이 모두 같은 각도인 사각형이다. 타원형과 마찬가지로 세로로 긴 것과 가로로 긴 것이 있다. 한 변의 길이에 따라 플레이팅의 표정이 크게 달라진다.

면

모양 표현의 면 플레이팅_정사각형

식재료를 잘라서 모양을 만든다
원래의 모양을 알아볼 수 없게 식재료를 잘라서 요리를 완성하면 무엇으로 만들었는지, 어떤 맛일지 등 기대감이 높아진다.

미니 아스파라거스 오픈 샌드위치

🍲 **Recipe**

크림치즈에 마늘 간 것, 검은 후추, 블랙 올리브 다진 것을 섞어서 정사각형으로 자른 빵에 바른다. 미니 아스파라거스를 세로로 2등분한 다음, 빵 길이에 맞게 자른다. 아스파라거스를 빵 위에 올리고 그 위에 둥글게 썬 블랙올리브를 나란히 올려서 장식한다.

플레이팅 포인트

미니 아스파라거스를 같은 길이로 잘라서 정사각형 면을 만든다. 언뜻 봐서는 어떤 식재료를 사용했는지 알아보기 어렵기 때문에 기대감이 높아진다. 재미있는 플레이팅이 된다.

모양 표현의 면 플레이팅_삼각형

파르스로 모양을 만든다

여러 가지 재료를 곱게 다져서 만든 파르스(p.105 참조)는 여러 가지 모양으로 성형할 수 있다. 날카로운 각이 있는 모양도 만들 수 있다.

바질을 곁들인 전갱이 타르타르

Recipe

전갱이와 안초비, 마늘, 미소, 우메보시, 검은 후추, 바질을 곱게 다진다. 삼각형틀로 모양을 찍어낸 다음, 바질로 장식하고 올리브유와 검은 후추를 뿌린다.

플레이팅 포인트

해산물인 전갱이로 산을 연상시키는 삼각형을 만든 재미있는 플레이팅. 올리브유가 악센트가 된다.

모양 표현의 면 플레이팅_타원형

식재료를 틀로 찍어서 모양을 만든다

식재료를 틀로 찍어서 모양을 만들면 같은 크기의 모양을 여러 개 만들 수 있어서 편리하다.

메이퀸 프라이드 포테이토

Recipe

메이퀸 감자를 타원형틀로 찍어낸 다음 끓는 소금물에 넣고 삶는다. 물기를 빼고 노릇하게 튀긴다. 위에 사워크림을 올리고 럼피시 알도 올린다. 이탈리안 파슬리가 있으면 장식한다.

※ 메이퀸_ 감자 품종. 남작보다 끈적거리고 끓여도 잘 뭉개지지 않는다.

플레이팅 포인트

깔끔한 타원형 요리가 마치 디저트를 보는 것 같다. 고급스러운 플레이팅.

면

공간을 표현하는 면

공간에 여러 개의 '면'이 배치되면 '면'과 '면' 사이의 긴장감, 공간과 '면' 사이의 긴장감이 각각 생겨나고 관계가 형성된다. 여기서 소개하는 것은 하나의 예로, 여러 가지 '면'의 조합이 가능하다.

같은 모양의 여러 면 (원)

[심리감정]
협조, 따뜻함

↓

플레이팅할 때
원이 1개일 때는 고립된 느낌이지만, 같은 원들이 모임으로써 부드러운 따뜻함이 느껴진다. 또한 배치에 따라 움직임도 더해져서, 다양하게 표현할 수 있다.

같은 모양의 여러 면 (정사각형)

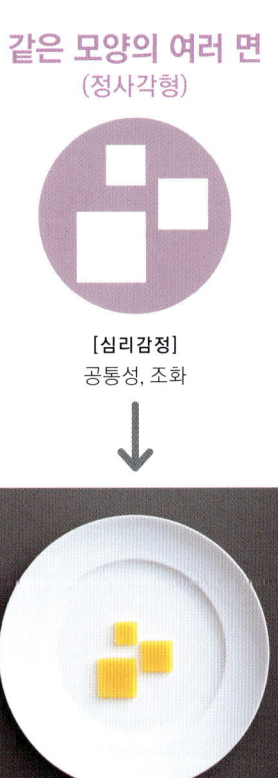

[심리감정]
공통성, 조화

↓

플레이팅할 때
정사각형은 가장 균형이 잘 잡힌 면인데 위쪽에 작은 면, 아래쪽에 큰 면을 배치하면 안정감이 생기고, 공간 안에서 조화를 이룬다.

같은 모양의 여러 면 (직사각형)

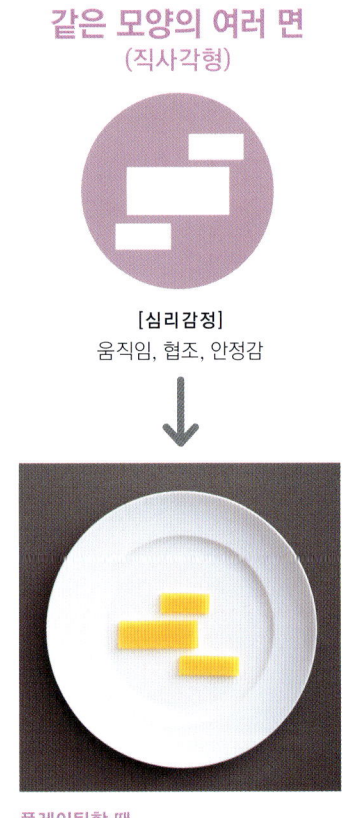

[심리감정]
움직임, 협조, 안정감

↓

플레이팅할 때
안정감이 있는 직사각형으로, 단축에 의해 같은 방향으로 나아가는 방향성이 보인다. 도형에 방향이 있으면 배치하는 장소에 따라 움직임을 표현할 수 있다.

다른 모양의 여러 면
(원 × 직사각형)

[심리감정]
리듬과 안정감

플레이팅할 때
작은 원 3개를 나란히 배치하면 움직임이 생기는데, 그것을 직사각형이 떠받치고 있는 듯한 안정감 있는 구도. 움직임이 있으면서 안정감도 있는 플레이팅이 가능하다.

다른 모양의 여러 면
(원 × 정사각형)

[심리감정]
대립과 완화

플레이팅할 때
원과 정사각형은 형태적으로 대립하는 관계이다. 그러나 크기의 밸런스로 긴장이 완화되고, 양쪽을 수직으로 배치하여 따뜻함이 더해졌다.

다른 모양의 여러 면
(정사각형 × 직사각형)

[심리감정]
방향성, 협조

플레이팅할 때
정사각형의 한 변과 직사각형 단축의 길이를 맞추면 통일감이 생기고, 가벼워 보인다. 모두 같은 방향으로 도형을 배치하면 한쪽 방향으로 움직이는 느낌을 표현할 수 있다.

면

공간 표현의 면 플레이팅_정사각형×직사각형

'면'의 방향으로 방향성을 표현한다
'면'을 같은 방향으로 맞춰서 배치하면 공간에 움직임이 생긴다.

버터와 래디시

Recipe

버터는 얇게 썰어서 직사각형으로 자른 다음 접시에 올리고, 세로로 2등분한 래디시와 블랙 피라미드 솔트도 같이 플레이팅한다.

※ 피라미드 솔트(pyramid salt)_ 지중해산 해염. 결정이 피라미드 모양이어서 피라미드 솔트라고 부른다.

플레이팅 포인트

직사각형으로 자른 버터와 정사각형 소금의 방향으로 밖으로 나아가는 움직임이 보인다. 버터, 소금, 래디시의 색깔 대비로 사랑스러운 플레이팅이 된다.

공간 표현의 면 플레이팅_원

같은 '면'을 배치할 때는 식재료의 크기와 색깔로 변화를 준다

같은 모양의 면을 배치하면 통일감이 있지만 단조로우므로 크기나 색깔로 변화를 준다.

토마토와 한천 카프레제

Recipe

토마토주스로 한천을 만들어서 원형틀로 찍어낸다. 모차렐라 치즈를 둥글게 썰어서 바질 소스와 함께 올린다. 바질이 있으면 장식한다.

플레이팅 포인트

흰색 모차렐라 치즈와 붉은색 토마토주스로 만든 한천의 색감이 대비되서, 같은 모양의 면으로 이루어진 공간에 변화가 생긴다. 바질의 녹색이 요리를 잡아주는 느낌.

배치
밸런스

layout

디자인 요소를 어디에 놓는지에 따라 그 의도는 크게 달라진다. 어떤 조합이 있고 그 의미는 무엇인지, 플레이팅에 활용하기 좋은 예를 소개한다.

대립(왼쪽·오른쪽)

대칭

회전

평행(수평)

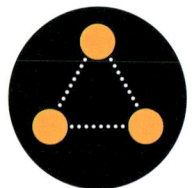
그룹(삼각형)

거울대칭

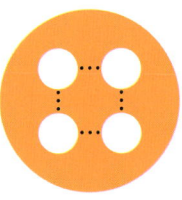
그룹(정사각형)

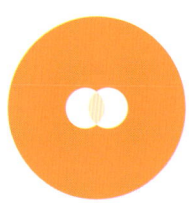
융합(왼쪽·오른쪽)

디자인에서의 '배치 밸런스'

배치에 따라 표현 의도가 보인다

'점', '선', '면'에 따라 각각의 심리감정과 무엇을 표현하는지에 대해서 알아보았다. 그런데 이 요소들은 어떻게 배치하는지, 어떤 공간을 구성하는지에 따라 그 의미가 달라진다. 또 배치와 구성에 따라 나타나는 시각효과도 달라진다. 보는 사람에게 무엇을 의도하는지 전달할 수 없다면 플레이팅을 하는 의미가 없다.

플레이팅에서 '배치 밸런스'를 활용한다

요리의 배치에 의한 시각효과를 활용한다

실제로 요리를 배치할 때는 여러 가지를 한 접시 위에 담는다. 구체적인 배치의 예와 심리감정을 참고하여 자신이 의도하는 플레이팅을 표현하고 활용할 수 있는 배치를 선택하고, 그것을 기본으로 자신만의 플레이팅을 완성해야 한다. 여기서 소개하는 배치 플레이팅 중에는 오래전부터 사용해온 전통적인 플레이팅 기술도 포함되어 있다. 전통적인 플레이팅 기술에는 효과적인 감정표현이 있기 때문에 지금까지 이어져 오는 것이다.

배치 밸런스

밸런스

요소 간의 위치 밸런스, 나열방법, 겹치는 방법 등으로 관계성을 표현할 수 있다.

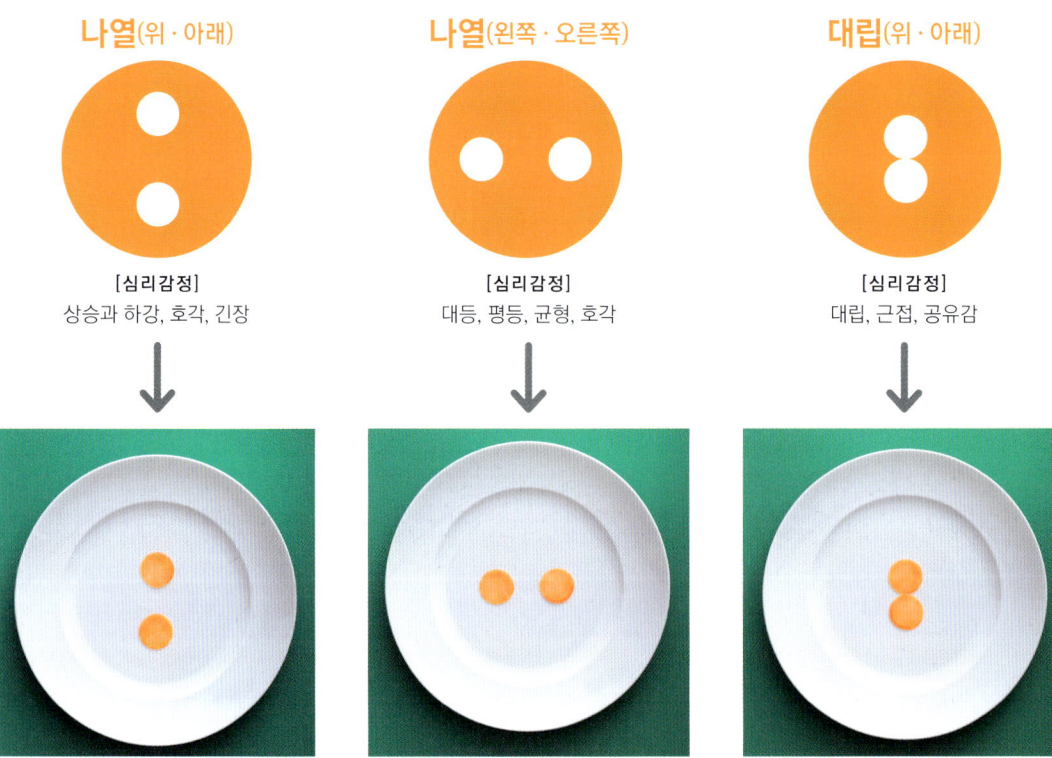

나열(위·아래)

[심리감정]
상승과 하강, 호각, 긴장

플레이팅할 때
위로 올라가는 힘과 아래로 내려오는 힘이 대등하여 긴장감이 있는 배치. 서로 잡아당기는 팽팽한 느낌이 있는 플레이팅이다.

나열(왼쪽·오른쪽)

[심리감정]
대등, 평등, 균형, 호각

플레이팅할 때
왼쪽과 오른쪽에서 각각 잡아당기거나 반발하는 상태. 또는 밸런스가 완벽하여 움직이지 않는 상태. 정적이지만 안정감이 있는 플레이팅을 표현할 수 있다.

대립(위·아래)

[심리감정]
대립, 근접, 공유감

플레이팅할 때
1개의 같은 점에 접함으로써 반발감, 또는 공유감이 생긴다. 위아래를 같은 크기로 배열하면 시각적인 특성상 위의 요소가 더 커 보이므로, 밸런스를 고려하여 플레이팅해야 한다.

※ 호각_ 서로 우열을 가릴 수 없을 정도로 역량이 비슷한 것.

대립(왼쪽·오른쪽)

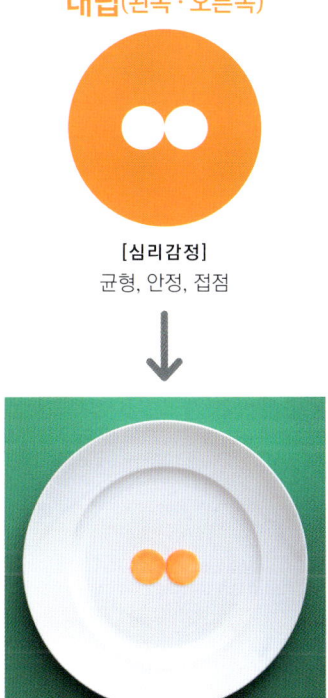

[심리감정]
균형, 안정, 접점

플레이팅할 때
독립된 평등한 관계이면서 안정감이 느껴지는 배치. 같은 요리를 같은 크기로 놓으면, 계속성이 느껴져서 인상이 강해진다. 균형 잡힌 안도감이 있는 플레이팅.

융합(위·아래)

[심리감정]
오버랩, 통합, 조화

플레이팅할 때
요소가 서로 포개져서 공유감이 생긴다. 밑에서 위로 같이 상승하는 듯한 흐름이 보인다. 실제로 플레이팅에서 자주 사용하는 기술이나.

융합(왼쪽·오른쪽)

[심리감정]
교차, 만남, 통합

플레이팅할 때
요소들이 서로 오버랩되면 지금까지의 대립감에서 통합되어 함께 움직이는 이미지가 생긴다. 밖을 향해 나아가는 긍정직인 인상이 된다.

배치 밸런스

밸런스 플레이팅_융합(왼쪽·오른쪽)

요소가 반복적으로 겹쳐지면 리듬이 생긴다

융합하는 요소의 성질이 같고 반복적으로 여러 번 겹쳐지면 공통된 특징이 있는 움직임이 생긴다.

가리비와 주키니로 만든 따뜻한 샐러드

Recipe

가리비와 주키니는 뜨겁게 가열한 프라이팬에 올려서 양면을 튀기듯이 굽는다. 접시에 서로 조금씩 겹치게 나열하고, 민트와 셀러리를 넣은 라임드레싱을 위에 올린다. 민트잎이 있으면 장식한다.

플레이팅 포인트

가리비와 주키니의 둥근 모양을 살려서 융합시킨 배치. 같은 방법으로 3번 반복해서 리듬감을 표현했다.

밸런스 플레이팅_대립(위·아래)

같은 요리를 위아래(수직)로 붙여서 배치하면 요리의 인상이 강해진다
같은 요리를 위아래로 배치하면 요리의 임팩트가 강해진다.

라타투이를 채운 오징어

🍲 **Recipe**

링썰기한 오징어는 살짝 삶아서 양면을 굽는다. 파프리카만으로 라타투이를 만들어서 오징어 속에 채운다. 접시에 담고 타임으로 장식한다.

플레이팅 포인트

사람의 눈은 자주 착각을 일으킨다. 같은 크기의 오징어링을 위아래로 배치하면 위쪽이 더 커 보이므로, 위쪽 오징어를 조금 작게 만들어서 밸런스를 맞춘다.

배치 밸런스

대칭 · 비대칭 · 거울대칭

공간 안에 있는 2개의 도형이 기준 축을 사이에 두고 서로 마주보며 조화를 이루는 것을 대칭이라고 한다. 좌우대칭의 이미지가 강하지만, 그밖에도 여러 가지 구도가 존재한다.

대칭

[심리감정]
좌우대칭, 균형잡힌 미, 단조로움

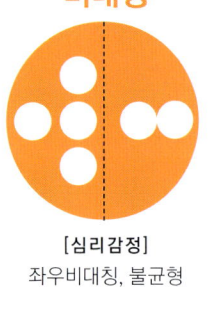

비대칭

[심리감정]
좌우비대칭, 불균형

플레이팅할 때
한 축을 중심으로 좌우대칭의 균형이 잡힌 보기 좋은 구도. 지나치게 밸런스가 잘 맞아서 단조로운 인상을 주기도 한다. 파티 등의 플레이팅에 활용하기 좋은 스타일이다.

플레이팅할 때
대칭은 밸런스가 맞아서 안도감이 느껴지는 구도이지만, 재미가 부족한 단조로운 구도가 되기 쉽다. 비대칭은 그런 밸런스를 깨고 싶을 때 사용하면 효과적인 배치가 된다.

거울대칭 ①

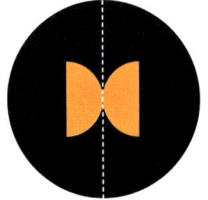

[심리감정]
거울에 비친 모습,
등을 맞대고 있는 모습

플레이팅할 때
중심이 되는 축을 사이에 두고 거울에 비친 모습처럼 면대칭이 되는 것을 거울 대칭이라고 한다. 프렌치요리에서는 오래전부터 거울대칭을 활용한 플레이팅을 해왔다.

거울대칭 ②

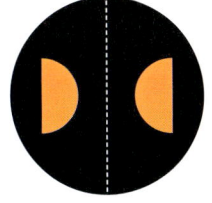

[심리감정]
거울에 비친 모습

플레이팅할 때
전통적인 플레이팅에 변화를 주고 싶을 때 사용한다. 축과 거리를 두어 공간에 재미를 더한 플레이팅이 된다.

배치 밸런스

거울대칭 ① 플레이팅

가금류나 갑각류 등의 플레이팅에 효과적

가금류나 갑각류 등 식재료 본래의 모양을 살려서 플레이팅하는 요리에 알맞은 배치이다.

에스닉스타일 닭날개 구이

Recipe

가열한 프라이팬에 닭날개를 올려서 양면을 노릇하게 굽는다. 남플라, 꿀, 식초, 두반장, 오향가루, 간장을 넣고 버무리면서 굽는다. 거울대칭으로 담고, 어린 완두콩잎이 있으면 장식한다.

플레이팅 포인트

접시 가운데에 수직으로 축을 두고, 거울대칭으로 플레이팅한 요리. 닭날개의 모양을 살려서 공간을 활용하면 고급스러운 요리가 된다. 접대용 플레이팅으로 좋다.

※ 남플라(nam pla)_ 생선을 소금에 절여서 발효시킨 태국의 소스.
※ 오향가루_ 산초, 팔각, 회향 등 5가지 향신료를 섞어서 만든 중국의 대표적인 혼합향신료.

대칭 플레이팅

균형이 맞고 리듬이 있는 보기 좋은 플레이팅
좌우대칭의 밸런스가 맞는 플레이팅은 안정감이 느껴진다. 초보자에게 추천하고 싶은 플레이팅.

발사믹 소스와 고기를 채운 표고

🍲 **Recipe**

표고는 갓 안에 밀가루를 뿌리고, 닭고기 간 것, 생강, 달걀흰자, 소금, 후추를 섞어서 채운다. 올리브유를 가열하고 표고를 올려서 노릇하게 굽는다. 반으로 잘라서 접시에 담고 발사믹소스를 곁들인다.

플레이팅 포인트

수직의 축을 기준으로 대칭으로 배치한 플레이팅. 발사믹소스를 효과적으로 배치하여 안정적이면서 움직임이 있는 플레이팅이 되었다.

비대칭 플레이팅

균형을 이루면서 자유로운 플레이팅으로
기준 축을 사이에 두고 좌우대칭으로 균형을 잡으면서 비대칭으로 플레이팅한다. 불균형적인 균형을 잡는 방법이다.

감자를 곁들인 양송이 튀김

🍲 **Recipe**

양송이는 깨끗이 닦아서 튀긴다. 크림치즈에 다진 양파, 로즈메리, 검은 후추를 섞어서 양송이 위에 올리고, 삶아서 원형틀로 찍어낸 감자를 겹쳐 올린다. 접시에 담고 무순이 있으면 올려서 장식한다.

플레이팅 포인트

수직으로 축을 두고 비대칭으로 플레이팅한 요리. 좌우대칭의 평범한 플레이팅이 공간에 재미를 더하여 알맞은 리듬의 대중적인 플레이팅이 되었다.

배치 밸런스

평행 · 회전

평행이란 두 직선을 아무리 길게 늘여도 만나지 않는 관계이다. 또한 회전이란 요소를 회전시켰을 때 원래대로 돌아가는 관계이다.

평행(수평)

[심리감정]
냉정함, 무한한 운동, 평평한 넓이

↓

플레이팅할 때
심플한 2개의 선이 같은 거리를 두고 긴장을 지속하면서, 밖을 향해 끝없이 뻗어나갈 가능성이 있는 배치. 긍정적인 인상으로 플레이팅에 활용하기 좋다.

평행(수직)

[심리감정]
따뜻함, 무한한 가능성, 상하로 늘어남

↓

플레이팅할 때
2개의 선이 같은 간격을 유지하면서 함께 위아래로 성장해가는 힘이 느껴지는 플레이팅. 똑바로 높이 올라가는 듯한 힘찬 플레이팅이 된다.

평행(사선)

[심리감정]
상승, 조화, 느슨한 긴장

플레이팅할 때
위로 올라가려는 힘이 있는 플레이팅. 밖을 향해 나아가려는 긴장감과 2개의 선 안쪽을 향한 긴장감이 혼재되어 있다.

회전

[심리감정]
대칭, 원

플레이팅할 때
1개의 점을 중심으로 같은 모양을 반복해서 한 바퀴 돌리면 원래대로 돌아온다. 회전하는 궤적은 완벽한 원 모양이다. 보기 좋은 플레이팅이 된다.

배치 밸런스

평행 플레이팅_수평

안정감이 있고 밖을 향해 퍼져나가는 플레이팅

수평한 평행선을 표현. 끝없이 뻗어나가는 인상을 준다. 2개의 선은 안정된 긴장감을 표현한다.

푸아로 콩소메 조림과 연어구이

Recipe

연어는 막대모양으로 잘라서 기름에 튀기듯이 굽는다. 접시에 푸아로 콩소메 조림을 평행하게 놓고, 그 위에 케이퍼 소스를 올린 다음 구운 연어를 올린다. 차이브도 평행하게 올린다.

플레이팅 포인트

곁들이는 식재료, 소스, 메인 식재료를 모두 평행하게 겹쳐서 올리면 선이 좀 더 강조된다. 안정된 배치형태이면서, 밖을 향한 의지가 보인다. 수평으로 올린 차이브 장식도 효과적이다.

※ 푸아로(poireau)_ 서양 파의 한 품종.

회전 플레이팅

같은 성질을 가진 요소의 반복으로 회전을 표현한다

접시 중앙을 중심으로 같은 요소의 조합이 반복되게 한 바퀴 돌리면 원래의 자리로 돌아가 원이 만들어진다. 회전하는 움직임을 표현할 수 있다.

새우 샐러드

Recipe

데친 꼬투리완두, 깍둑썰기한 파프리카, 분홍색으로 물들인 무, 주키니는 드레싱에 담가서 절인다. 접시에 새우를 둥글게 올리고, 사이에 꼬투리완두와 깍둑썰기한 채소를 나열한다.

플레이팅 포인트

새우와 꼬투리완두의 방향과 반복으로 회전을 표현했다. 꼬투리완두 위에 올린 채소를 불규칙하게 배치하여 자유로운 움직임을 더했다.

배치 밸런스

그룹

모양을 알아볼 수 있는 포인트에 디자인 요소를 배치한다. 완전하지 않아도 시각보정에 의해 모양을 알 수 있다. 요리를 플레이팅할 때 균형을 잡는 기준으로 활용하면 좋다.

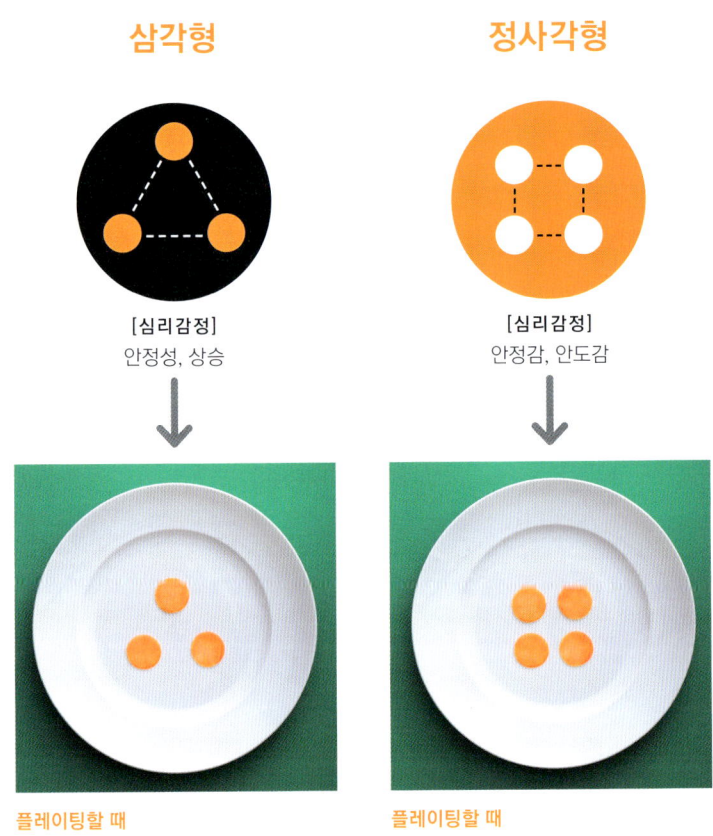

삼각형

[심리감정]
안정성, 상승

플레이팅할 때
균형 잡힌 안정감이 있는 플레이팅이 된다. 3개의 요소가 대등한 관계이다.

정사각형

[심리감정]
안정감, 안도감

플레이팅할 때
심플한 밸런스의 플레이팅. 무난하고 안도감이 있지만 단조로운 느낌이 들지 않도록 요리에 변화를 주는 것이 좋다.

마름모

[심리감정]
다이아몬드 모양, 평행

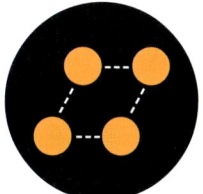

플레이팅할 때
마름모는 정사각형에 수평방향으로 압력을 주어 변형시킨 사각형이다. 밖을 향해 무한히 평행하게 뻗어나가는 느낌. 움직임이 있는 안정된 플레이팅에 좋다.

원
(정다각형이 연상되는 원)

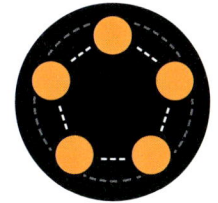

[심리감정]
원, 대칭성(정다각형)

플레이팅할 때
원을 연상시키는 정다각형은 요소의 배치에 대칭성이 있어서, 보기 좋은 모양을 만들 수 있다.

배치 밸런스

그룹 플레이팅_삼각형

밸런스가 잘 맞는 심플한 플레이팅

상승하는 움직임이 느껴지지만 안정감이 있는 플레이팅. 요리의 밸런스를 맞추기 쉬워서 활용도가 높다.

삼치 센베이 튀김

Recipe

삼치는 네모나게 썬 다음 밀가루를 뿌리고, 밀가루와 물을 섞은 반죽과 곱게 빻은 센베이를 순서대로 묻혀서 기름에 튀긴다. 접시에 바질과 허브를 넣은 소스를 깔고, 그 위에 튀김을 올린다. 로즈메리가 있으면 장식한다.

플레이팅 포인트

네모나게 자른 삼치 모양에서 느껴지는 안정감과 삼각형으로 플레이팅한 공간의 안정감이 상승효과를 낸다. 묵직한 차분함이 느껴지는 플레이팅.

그룹 플레이팅_정다각형이 연상되는 원

대칭성이 있는 보기 좋은 밸런스
정다각형의 정돈된 밸런스와 원으로 완성된 모양이 보기 좋게 표현된 플레이팅.

차즈기와 아보카도를 올린 참치 타르타르

🍲 Recipe

참치를 작게 깍둑썰기한 다음, 갈릭오일, 소금, 후추, 간장으로 버무린다. 원형틀로 찍어낸 차즈기와 아보카도를 위에 올린다.

플레이팅 포인트

원을 연상시키는 선 위에 정오각형이 되도록 밸런스를 맞춰서 참치 타르타르를 플레이팅한다.

입체

volume

'면'이 '선'의 집합체인 것처럼 '입체'는 많은 면으로 이루어진다. 공간에서 3차원으로 퍼져나가는 존재감이 있는 요소이다.

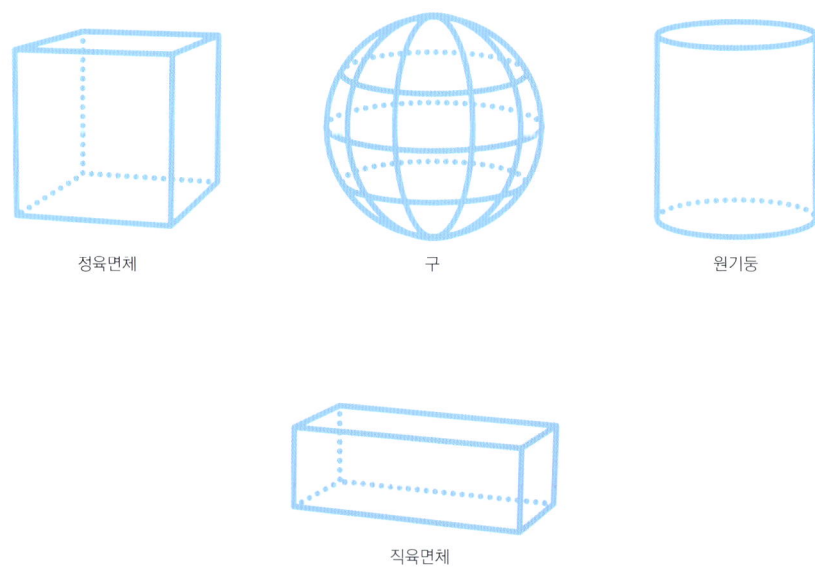

정육면체   구   원기둥

직육면체

디자인에서의 '입체'
'입체'는 '점', '선', '면'으로 이루어진 공간

수학에서 '입체'란 '위치·길이·너비·두께가 있으며 공간의 일부분을 차지하는 것으로 사물을 모양·크기·위치로만 볼 때 쓰는 말. 3차원의 넓이를 가진(느끼게 하는) 사물'이다. '입체'의 표면은 '면'이고, 움직이는 '점'의 궤적으로 이루어진 '선'의 집합이기도 하다. 즉, '입체'에는 다양한 요소가 내재되어 있다고 할 수 있다.

플레이팅에서 '입체'를 활용한다
'입체'로 플레이팅의 범위가 넓어진다

높이를 살린 플레이팅으로 요리에 리듬감을 표현하는 것은 플레이팅에서 자주 사용하는 방법이다. 단순히 요리를 높이 담는 것이 아니라, 요리의 얼굴이 되는 면을 의식해서 입체적으로 플레이팅하면 심리적인 효과를 높일 수 있다. 접시 위뿐 아니라 접시의 3차원적인 공간까지 포함하여 표현하기 때문에 임팩트가 커진다.

입체

'입체'는 여러 개의 '면'으로 이루어졌기 때문에, 그 '면'의 모양이 가지고 있는 감정표현의 영향이 강하게 나타난다. '입체'로 플레이팅하면 공간의 연출력을 높일 수 있다.

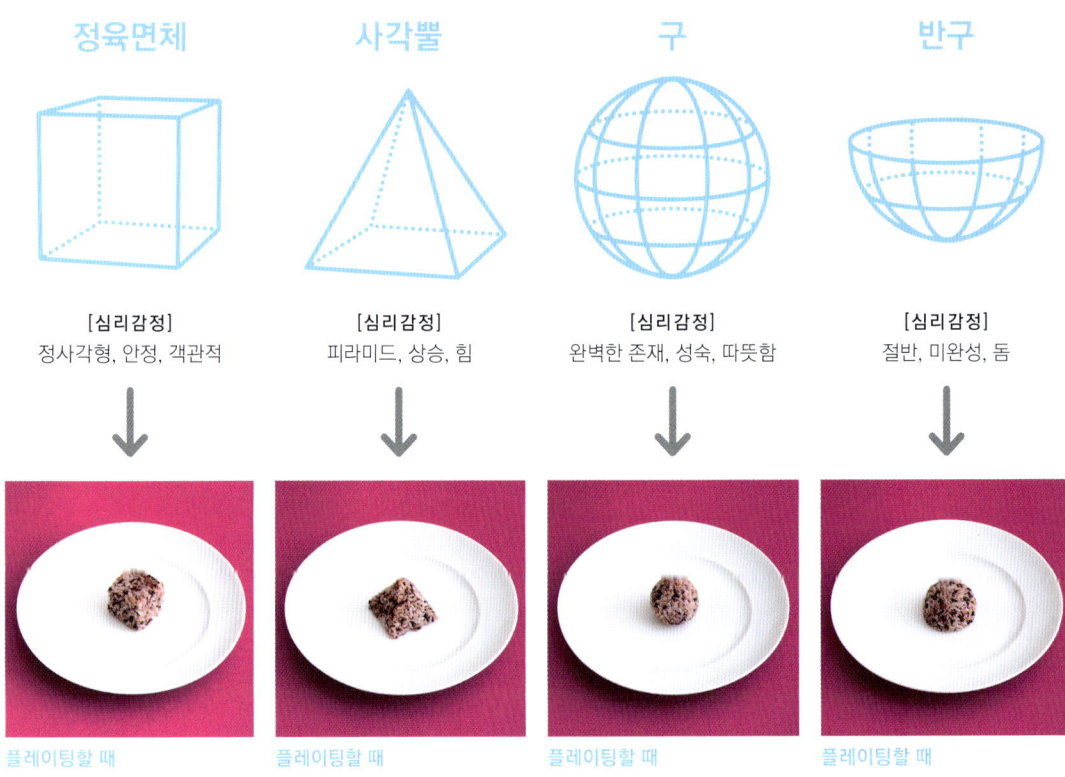

정육면체

[심리감정]
정사각형, 안정, 객관적

플레이팅할 때
틀로 찍어서 정육면체 모양을 만들어도 좋지만, 여러 종류의 재료를 나무토막을 끼워 맞추듯이 조합하여 정사각형 면을 만들면 표정에 변화가 생긴다.

사각뿔

[심리감정]
피라미드, 상승, 힘

플레이팅할 때
정사각형의 크기가 점점 작아지면서 형성된 입체이지만, 옆면은 삼각형이다. 안정감이 있으면서 상승하는 힘이 있는 에너지를 표현하는 입체이다.

구

[심리감정]
완벽한 존재, 성숙, 따뜻함

플레이팅할 때
구는 어떤 각도에서 보아도 완벽한 면인 원에서 만들어진 아름다운 입체이다. 러프한 모양으로 만들면 따뜻하고 편안한 분위기가 된다.

반구

[심리감정]
절반, 미완성, 돔

플레이팅할 때
구가 되기 위한 중간단계로, 성장하고자 하는 힘이 느껴진다. 요리에 많이 활용되는 입체 중 하나이다.

| 원기둥 | 원뿔 | 직육면체 | 삼각기둥 |

[심리감정]
안정된 존재감, 나무

[심리감정]
힘, 날카로움

[심리감정]
안정감, 안도감

[심리감정]
안정감, 날카로움

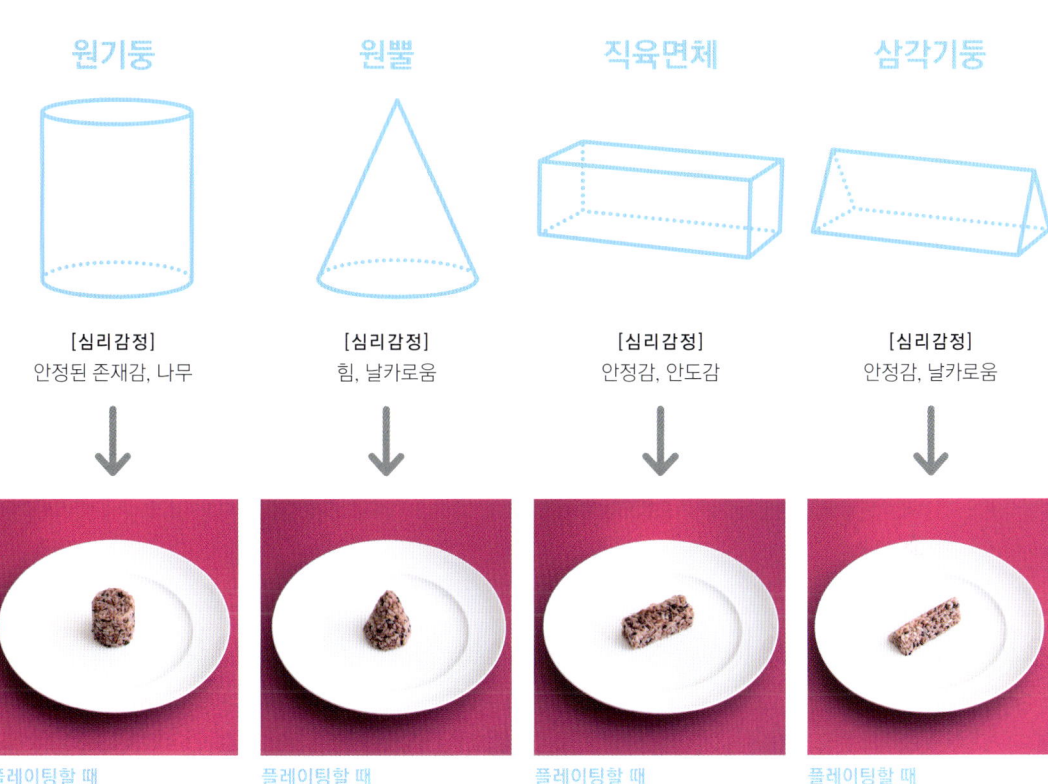

플레이팅할 때

완성된 모양의 원기둥은 자분한 존재감이 있다. 또한 천천히 위로 성장해가는 이미지가 있다. 플레이팅에 활용하기 좋은 입체.

플레이팅할 때

위로 뻗어나가는 듯한 생병떡이 느껴진다. 끝이 가늘고 뾰족해서 속도감과 긴장감이 있는 플레이팅을 연출할 수 있다.

플레이팅할 때

친숙하고 안정감이 있는 입체. 틀로 모양을 찍어낼 수도 있지만, 직사각형으로 자른 식재료를 쌓아서 밀푀유처럼 만들어도 좋다.

플레이팅할 때

확실한 인징감이 있는 입체이지만 상승하는 힘도 함께 존재한다. 직육면체 옆면(사각형)을 대각선으로 2등분하면 쉽게 만들 수 있다.

입체

정육면체 플레이팅

반죽을 입체적으로 만든다

식재료 자체를 입체로 만들기 위해 파이 반죽이나 타르트 반죽 등으로 모양을 만든 다음 구워서 입체를 완성한다.

타코스 파이

Recipe

냉동 파이시트를 정사각형으로 2장 잘라낸 다음, 1장은 안쪽을 다시 사각형으로 도려낸다. 시트에 달걀을 바르고 겹쳐 올려서 오븐에 넣고 노릇하게 굽는다. 잘게 다진 양상추, 슈레드 치즈, 타코스 맛을 낸 다진 고기를 속에 채워 넣고, 타임과 칠리페퍼가 있으면 장식한다.

플레이팅 포인트

파이시트가 입체적으로 구워지도록 정사각형으로 잘라서 시트 자체를 입체로 만든다.

반구 플레이팅

액체 상태의 반죽을 틀에 넣고 입체로 만든다

무스, 바바로아, 플랑(커스터드 파이) 등 액체 상태의 반죽을 틀에 넣어 입체로 만든다. 비교적 쉽게 여러 가지 모양을 만들 수 있다.

완두콩 무스

🍲 Recipe

완두콩을 닭고기 육수에 넣고 끓인다. 끓으면 불린 젤라틴을 넣어 녹인 다음 믹서로 갈아서 부드럽게 만든다. 얼음물 위에 올려서 남은 열을 식힌다. 80% 휘핑한 생크림을 넣어 섞은 다음, 반구 모양 틀에 넣고 식혀서 굳힌다. 완두콩을 깔고 그 위에 무스를 올린다.

플레이팅 포인트

완두콩으로 만든 선명한 연두색 반구의 매끈한 모양이 사랑스럽다. 무스 밑에 깔아놓은 완두콩의 둥근 모양과 조화를 이룬 플레이팅.

입체

직육면체 플레이팅

'입체'의 '면(모양)'을 강조한다

'입체'를 이루는 '면'과 '입체'의 모양을 통일하면 심리감정의 느낌이 강해진다.

연 어 라 이 스 샐 러 드

Recipe

따뜻한 밥에 다진 파슬리와 드레싱을 넣고 섞어서 잘 식힌다. 직육면체틀로 모양을 만들고 크기에 맞게 자른 연어를 올린다. 케이퍼와 파슬리가 있으면 장식한다.

플레이팅 포인트

연어를 직육면체의 '면'인 직사각형으로 만들어서 모양을 강조하면, 화려하면서도 안정감 있는 플레이팅이 된다.

원기둥 플레이팅

틀을 이용하여 파르스를 입체로 만든다

틀을 이용하면 파르스를 쉽게 '입체'로 만들수 있다. 여러 가지 틀을 활용할 수 있다.

부케스타일 감자 샐러드

🍲 Recipe

원형틀 안에 얇게 썬 오이를 두르고 그 안에 감자샐러드를 넣는다. 작게 자른 분홍색 무, 미니아스파라거스, 래디시, 프릴상추, 마이크로토마토를 위에 올린다.

플레이팅 포인트

감자 샐러드를 틀에 넣기 전에 오이를 미리 배치하는 것이 중요하다. 좀 더 보기 좋고 매끈한 원기둥을 만들 수 있다. 맨 위에 채소를 올려서 보기 좋게 장식한다.

color

사람마다 색깔에서 느끼는 심리감정은 각각 다르지만, 우리가 색에 대해 갖고 있는 이미지의 영향은 매우 크다. 또한 색의 조합이나 주변 색과의 상승작용에 의해 색을 보는 느낌도 달라진다. 요리의 배색도 마찬가지로, 색 조합에 따라 인상이 크게 달라진다.

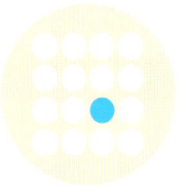

강조(주목)

컬러 매칭(레드 & 오렌지)

대비(소스)

대비(검은 접시)

강조[토핑(집중)]

컬러 매칭(그린 & 옐로)

디자인에서의 '색'

'색'은 표현에 있어서 인상을 크게 좌우하는 요소

색에서 연상되는 이미지는 시대와 민족, 지역, 문화 등을 배경으로 변화해왔다. 우리는 기억에 각인된 색의 인상에 의해 심리감정을 갖게 된다. 즉, 디자인된 사물의 표정을 색에 의해 보다 명확하게 이미지화할 수 있는 것이다. 또한 단색에 의한 표현뿐 아니라, 색의 조합이나 주변의 색에서 받는 영향에 따라 그 인상은 크게 달라진다. 색에 대해서만 이야기해도 다 할 수 없을 정도로 많은 작용이 있다.

플레이팅에서 '색'을 활용한다

색의 심리감정을 요리의 배색에 적용한다

'요리는 색을 잘 조합하여 플레이팅하는 것이 중요하다'고 하지만 단순하게 색조를 보기 좋게 정리하는 것뿐만 아니라, 여러 가지 효과를 고려하여 색을 배치하면 보다 효과적인 플레이팅이 된다. 사람이 색에서 받는 심리효과를 잘 활용하여 요리에서 다양하게 이용해보자.

색

컬러 매칭

접시 위 요리의 컬러를 매칭시키기 위해서는 질감이 다른 식재료나 요리라도 같은 계열의 색으로 색감을 맞추면 자연스럽게 통일감이 생긴다.

Green & Yellow

[심리감정]
산뜻함, 신선, 약동, 자연적인

↓

플레이팅할 때
자연의 에너지, 밝음과 치유를 느낄 수 있는 배색. 신선한 채소나 허브, 과일 등이 연상되는 색.

Red & Orange

[심리감정]
밝은, 따뜻한, 비타민, 건강에 좋은

↓

플레이팅할 때
맛있어 보이는 색의 상징인 오렌지와 강한 생명력을 표현하는 레드의 매칭은 힘이 솟아오르는 배색이다. 토마토, 당근, 고추 등 친숙한 식재료가 많다.

Pink & Purple

[심리감정]
매력적, 우아하고 아름다운, 고귀함

플레이팅할 때

핑크색의 사랑스러움과 행복감, 그리고 보라색의 고급스러움과 요염함은 서로 상반된다. 양면성이 있기 때문에 신비한 매력이 있다. 포도, 라디키오, 비트 등 활용할 수 있는 식재료도 많다.

Brown

[심리감정]
자연적인, 차분한, 뿌리, 온기

플레이팅할 때

브라운은 주변에서 쉽게 볼 수 있는 자연의 색이자 식물을 길러내는 대지의 색으로, 예로부터 익숙한 색이다. 브라운과 베이지 등을 다른 톤으로 배색하면 리듬이 생긴다.

색

컬러 매칭 플레이팅_Red & Orange

맛있어 보이는 난색계열의 배색

색깔에서 받는 인상은 요리에 큰 영향을 준다. 레드나 오렌지는 맛있어 보이는 색으로 식욕을 돋워준다.

당근 글라세와 햄버거 샌드위치

Recipe

데미그라스소스 위에 작은 햄버거와 원형틀로 찍어낸 당근 글라세를 겹쳐서 올리고, 붉은 파프리카 마리네이드를 올린다. 주위에 마이크로토마토를 곁들인다.

※ 당근 글라세_ 당근을 설탕과 버터로 조려서 윤기 있게 만든 것.

플레이팅 포인트

당근 글라세 위에 올린 붉은 파프리카 마리네이드, 신선한 마이크로토마토 등 질감은 다르지만 같은 붉은색 계열의 식재료들로 다채로운 색과 식감을 즐길 수 있다.

컬러 매칭 플레이팅_Green & Yellow

신선한 식재료를 이용하여 싱싱함을 연출

그린의 대비는 갓 수확한 채소의 아삭한 식감을 연상시킨다. 옐로의 약동감으로 신선함이 배가된다.

그린 소스를 얹은 그린 샐러드

Recipe

브로콜리 소스를 깔고 그 위에 콩소메로 살짝 데친 꼬투리강낭콩, 꼬투리완두, 오이를 담는다. 이탈리안 파슬리를 올린 다음, 레몬껍질을 갈아서 위에 뿌리고 레몬소금도 같이 뿌린다.

플레이팅 포인트

브로콜리, 꼬투리 강낭콩, 꼬투리 완두콩, 오이로 4종류의 다양한 그린을 표현하였다. 다양한 식감을 즐길 수 있으며, 레몬껍질의 옐로, 레몬소금의 화이트로 산뜻한 요리가 완성된다.

※ 레몬 소금_ 곱게 다진 레몬껍질과 소금을 섞어서 만든다.

색

컬러 매칭 플레이팅_Pink & Purple

개성적인 배색의 플레이팅에는 재미를 더한다

식재료의 색깔이 강할 때는 일부러 플레이팅도 독특하게 한다. 개성이 빛나는 매력적인 요리가 된다.

붉은 양배추와 닭가슴살 코울슬로

Recipe

닭가슴살은 화이트와인으로 찌고 식으면 곱게 찢어둔다. 곱게 채썬 붉은 양배추와 카시스(블랙 커런트) 머스터드 드레싱, 잘게 찢은 닭가슴살을 볼에 넣고 버무린다. 원형틀을 이용하여 접시에 보기 좋게 담고, 붉은 양파 슬라이스와 카시스 머스터드를 함께 올린다.

플레이팅 포인트

식재료와 소스를 모두 원모양으로 만들면 귀엽고 따뜻한 느낌이 생긴다. 붉은 양파 슬라이스를 크기 순서대로 놓아서 리듬감과 움직임을 연출하였다.

컬러 매칭 플레이팅_Brown

차분한 색깔의 배색은 서로 다른 톤으로 움직임을 연출

식재료를 세련된 갈색으로 통일하면 수수해 보이기 쉽다. 그러나 톤이 다른 식재료를 섞어놓으면 움직임과 리듬이 생긴다.

허브와 견과류 소스를 얹은 돼지고기 스테이크

Recipe

돼지고기는 소금, 후추를 뿌려서 양면을 노릇하게 굽는다. 정사각형으로 잘라서 접시에 담고, 구운 표고를 올린다. 올리브유, 잘게 다진 아몬드, 블랙올리브, 바질, 볶은 양파를 섞어서 올린 다음, 견과류를 전체적으로 뿌린다.

플레이팅 포인트

돼지고기를 정사각형으로 자르면 안정감이 생긴다. 노릇하게 구운 표고와 돼지고기의 진한 브라운에 베이지색 견과류 토핑을 곁들여서 밝고 가벼운 플레이팅이 되었다.

색

대비

2개의 물체를 비교할 때 생기는 차이를 대비(콘트라스트)라고 한다. 플레이팅에서는 서로를 돋보이게 해주는 배색이 중요하므로, 요리와 접하는 접시와 소스의 색깔로 대비효과를 내보자.

검은색 접시

[심리감정]
강함, 차가움, 세련된, 격식

색깔 접시

[심리감정]
색깔에는 각각의 감정이 있다
(p.122 참조)

소스
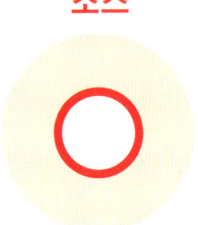

[심리감정]
색상 사이의 거리에 따라 달라진다
(p.190 참조)

플레이팅할 때
검은색은 색 중에서도 가장 어두운 색이다. 요리의 색을 밝게 강조해주며, 요리를 보기 좋게 만들어 준다.

플레이팅할 때
요리와 접시 색깔의 밝기에 따라 서로를 돋보이게 만들어주는 밸런스는 달라진다. 명도가 가장 높은 흰색 요리를 담으면 색깔 접시 위에서 요리가 더 하얗게 돋보인다.

플레이팅할 때
색상환(p.190 참조)에서 거리가 멀수록 대비가 강해지고, 거리가 가까울수록 대비가 약해진다. 소스와 요리가 잘 어우러지게 만들고 싶은지, 각각의 색을 돋보이게 만들고 싶은지 등에 따라 색감을 달리한다.

대비 플레이팅_소스

유사한 색깔은 톤 차이로 대비효과를 낸다

비슷한 색은 서로 잘 어우러져서 통일감 있는 요리를 완성할 수 있다.
변화를 주고 싶을 때는 톤을 바꾸면 다른 분위기의 대비효과가 나타난다.

비트 크림 소스와 닭봉구이

🍲 Recipe

닭봉은 소금, 후추를 뿌려서 노릇하게 굽는다. 닭봉을 접시에 꺼내놓고 같은 팬에 버터를 녹인 다음, 잘게 다진 양파와 비트를 넣어 볶는다. 화이트와인, 닭고기 수프, 생크림을 넣어 걸쭉해질 때까지 끓인다. 소금과 후추로 간을 한다. 접시에 소스를 깔고 닭봉구이를 올린다.

플레이팅 포인트

비트의 핑크색은 붉은색 계열의 가벼운 색상이다. 노릇하게 구워진 닭봉의 브라운은 오렌지색 계열의 진하고 어두운 색이고, 레드와 오렌지는 유사색이다. 비슷한 계열의 색상을 다른 톤으로 배색한 플레이팅이다.

색

대비 플레이팅_검은색 접시

검은색 접시로 요리의 색을 돋보이게 한다

요리를 검은 접시에 담으면 명도대비에 의해 실제 색보다 밝고 선명하게 보인다.
검은 접시는 요리를 돋보이게 할 뿐 아니라, 요리가 고급스러워 보이기 때문에 인기가 많다.

닭봉 크림조림

Recipe

닭봉은 소금과 후추를 뿌려서 노릇하게 굽는다. 닭봉을 접시에 꺼내놓고 같은 팬에 버터를 녹인 다음, 다진 양파를 넣어 볶는다. 닭봉을 다시 넣고 화이트와인, 닭고기 수프를 넣어서 약한 불로 조린다. 생크림을 넣고 소금과 후추로 간을 한 다음 걸쭉해지면 접시에 담는다. 검은 후추를 뿌린다.

플레이팅 포인트

밝기가 정반대인 흰색의 닭봉 크림조림을 검은색 접시에 담으면, 크림의 흰색이 더 하얗게 보인다. 검은색 접시와의 대비에 의해 요리의 매력이 배가된다.

대비 플레이팅_색깔 접시

색깔 접시는 흰색 요리를 돋보이게 해준다

색깔 접시는 요리 색깔과의 밸런스에 따라 서로를 돋보이게 해주기도 하고 볼품없게 만들기도 한다. 익숙해지기 전에는 색깔의 영향을 많이 받지 않는 흰색 요리부터 시작하는 것이 좋다.

닭봉 크림조림

Recipe

닭봉은 소금, 후추를 뿌려 노릇하게 굽는다. 닭봉을 접시에 꺼내놓고 같은 팬에 버터를 녹인 다음, 다진 양파를 넣어 볶는다. 닭봉을 다시 넣고 화이트와인, 닭고기 수프를 넣어서 약한 불로 조린다. 생크림을 넣고 소금, 후추로 간을 한 다음 걸쭉해지면 접시에 담는다. 검은 후추를 뿌린다.

플레이팅 포인트

차분한 붉은색 접시에 흰색의 닭봉 크림조림을 담으면 요리가 돋보인다. 접시의 색깔뿐 아니라 명도나 채도도 관계가 있다. 흰색은 대부분의 색과 잘 어울리기 때문에, 보기 좋은 플레이팅이 된다.

색 ● ● ● ●

강조

강조란 단조로운 공간에 긴장감을 주고 싶을 때, 또는 많은 사물 중에서 어떤 한 가지를 돋보이게 만들고 싶을 때 사용하는 방법이다. 요리에서도 자주 사용하는 플레이팅 기술이다.

개별 강조

[심리감정]
멀티컬러, 임팩트

↓

플레이팅할 때
각각의 개성을 살리기 위해 여러 가지 식재료와 요리를 사용하여 컬러풀하게 플레이팅한다. 색감 차이, 톤 차이 등 차이가 분명하게 보이는 것이 좋다.

주목

[심리감정]
일정한 리듬을 깨다, 공통성과 차이

↓

플레이팅할 때
단조로운 흐름에 긴장감을 주고 싶을 때 효과적인 플레이팅. 예를 들어 파티 등에서 같은 모양의 아뮤즈 부슈를 대량으로 플레이팅할 때, 한 곳에만 다른 식재료나 요리를 담으면 주목을 끌 수 있다.

※ 아뮤즈 부슈(Amuse Bouche)_ 서양요리 특히 프랑스요리에서 식전주와 함께 나오는 간단한 애피타이저.

토핑(집중)   **토핑**(살포)

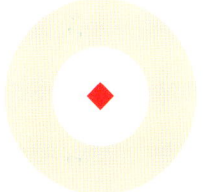   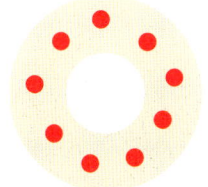

[심리감정]   [심리감정]
악센트, 긴장, 변화   악센트, 리듬, 노이즈

플레이팅할 때   **플레이팅할 때**

허브의 선명한 그린색은 톤이 강한 컬러로, 여러 가지 색깔과 조합해도 대비효과가 생기기 쉽다. 허브의 자연스러운 모양을 살려서 토핑으로 사용하면 직접적으로 자연을 마주하는 느낌이다.

허브나 향신료를 자르거나 다져서, 원래의 모습을 알 수 없는 상태로 반복적으로 뿌리면 리듬과 노이즈가 생긴다. 단조로운 요리가 활기차게 변한다.

색

강조 플레이팅_주목

균일한 흐름을 반대색으로 강조한다

질서와 규칙이 있는 흐름 속에서 한 곳에만 반대색을 배치하면 임팩트가 생기고 시선을 끈다.

오이와 비트 샌드위치

🍲 **Recipe**

작은 틀로 찍어낸 식빵을 프라이팬에 올려서 양면을 구워 버터를 바른 다음, 잘게 자른 햄과 마요네즈 섞은 것을 올린다. 그 위에 얇게 썰어서 소금을 살짝 뿌린 다음 물기를 제거한 오이를 올리는데, 식빵 1개에만 미리 데쳐둔 비트를 올린다.

플레이팅 포인트

비트의 짙은 자주색이 연한 녹색의 오이 속에서 강한 인상을 주는 것은, 서로 반대색이면서 톤에도 차이가 있기 때문이다.

강조 플레이팅_토핑(집중)

짙은 색 식재료로 만든 요리의 토핑에는 흰색을 잘 활용한다

짙은 색 식재료나 요리에는 허브의 색깔과 구별되도록, 명도가 높은 흰색의 식재료를 가까이에 배치한다.

흑미와 생햄으로 만든 크림 리소토

Recipe

버터를 두르고 잘게 자른 셀러리를 볶다가 흑미밥을 넣는다. 생햄, 닭고기 수프, 생크림을 넣고 끓이다가 걸쭉해지면 불을 끈다. 원형틀을 이용하여 접시 가운데에 보기 좋게 담고 생크림으로 장식한다. 이탈리안 파슬리를 올린다.

플레이팅 포인트

흑미밥의 짙은 색은 이탈리안 파슬리의 짙은 녹색과 동화되기 쉬우므로, 흰색 생크림을 사용하여 세퍼레이션 효과를 낸다.

※ 세퍼레이션(separation) 효과_ 배색의 관계가 모호하거나 대비가 너무 강한 경우 사이에 분리색을 삽입해서 조화를 이루게 하는 것.

강조 플레이팅_토핑(살포)

허브나 향신료로 단조로운 공간에 악센트를 준다

자르거나 으깨서 본래의 모양을 잃은 허브나 향신료를 접시나 요리 위에 자유롭게 뿌려서 활기찬 리듬을 만든다.

흑미와 생햄으로 만든 크림 리소토

Recipe

버터를 두르고 잘게 자른 셀러리를 볶다가 흑미밥을 넣는다. 생햄, 닭고기 수프, 생크림을 넣고 끓이다가 걸쭉해지면 불을 끈다. 원형틀을 이용하여 접시 가운데에 보기 좋게 담고 생크림으로 장식한다. 굵게 다진 이탈리안 파슬리를 뿌린다.

플레이팅 포인트

틀로 모양을 만든 요리의 위가 아니라, 접시 위의 공간에 굵게 다진 이탈리안 파슬리를 뿌려서 활기를 불어넣는다.

COLUMN 색깔 이야기 1

색이란?

우리가 보는 사물은 모두 각각 고유의 색이 있는 것처럼 보이지만, 실제로는 빛이 어떤 물체를 비추었을 때 물체가 반사한 빛의 파장을 지각하고 뇌에서 다양한 정보를 통합하여 어떤 색인지 최종적으로 판단하는 것이다.

색채학의 관점에서 분석하면 색은 색상, 명도, 채도의 3가지 속성으로 이루어져 있다. 색상은 색감을 말하는 것으로 색을 빨강, 파랑, 녹색 등으로 구분하게 하는 고유의 특성이다. 명도는 색의 밝기로 가장 밝은 것이 흰색, 가장 어두운 것이 검은 색이다. 채도는 색의 선명한 정도이다. 또한 배색을 고려할 때 가장 중요한 요소 중 하나인 톤이 있다. 톤이란 명도와 채도를 복합적으로 고려한 요소로, 색의 명암, 농담, 강약 등을 말한다.

색에서 느끼는 이미지(심리감정)

색에는 사람의 감정을 움직이는 힘이 있다. 나라, 지역, 환경, 경험 등에 따라 차이는 있지만, 일반적으로 느끼는 심리감정을 소개한다.

색	심리감정
● 빨강	흥분, 정열, 사랑, 에너지, 태양, 피, 불꽃
● 주황	따뜻함, 건강, 양기, 친숙한, 즐거운, 활발
● 노랑	명랑, 희망, 활동, 기쁨, 빛, 건강
● 초록	안심, 안전, 자연, 평온함, 평화, 신선, 식물
● 파랑	안심, 집중, 지성, 냉정, 고독, 성실
● 보라	고귀, 신비, 요염, 불안, 여성적, 불쾌
● 분홍	쾌활, 생기발괄함, 달콤한, 행복, 귀여운
● 갈색	자연, 안심, 차분함, 음기, 뿌리, 따스함, 흙
○ 흰색	순수, 신성, 향상심, 평화, 솔직, 청순
● 검은색	안정, 고독, 강함, 고급스러움, 세련된, 격식, 절망감

3. 상황별 플레이팅
_ 응용

앞에서 이야기한 것처럼 플레이팅에서는 먹는 사람의 요구와 환경이 중요하다. 먹는 사람의 상황에 따라 플레이팅이 크게 달라지기 때문이다. part. 3에서는 '일상', '손님접대', '파티'라는 3가지 상황으로 나눠서 같은 요리를 플레이팅한 다음, 시각적 인상이 어떻게 달라지는지 보여준다. 디자인의 기본 요소를 바탕으로 실제로 플레이팅한 모습을 보여주고, 그에 대한 해설을 곁들였다. 플레이팅으로 표현된 심리감정을 느껴보기 바란다.

01 차가운 전채

식사의 시작을 알리는 전채는 식욕을 자극하고 기분을 좋게 해주는 역할을 담당한다.
맛에 대해서는 물론이고 시각적으로도 반응하기 시작하는 첫 번째 요리이므로,
식사에 대한 기대감을 높여주는 매력적인 플레이팅이 필요하다.

가리비 카르파초

요즘은 식재료의 맛을 심플하게 즐기는 경향이 높아지고 있으며, 신선한 어패류로 만든 카르파초나 타르타르가 인기를 끌고 있다. 그중에서도 인기가 높은 가리비는 다양한 플레이팅 스타일에 활용할 수 있는 만능 식재료이다.

Recipe

재료_ 2인분
가리비(작은 것) 6개
붉은 양배추순 1/3팩
무순 1/3팩
양하 2개
차즈기순 적당량

A ┌ 소금, 후추 적당량씩
  │ 식용유 2큰술
  │ 현미식초 1.5큰술
  │ 설탕 1/2작은술
  └ 구로시치미 조금

※ 구로시치미(黑七味)_ 검은깨, 고춧가루, 산초가루 등 7가지 향신료를 섞어 놓은 일본 교토지방의 가루 조미료.

만드는 방법
1. 양하와 차즈기순을 잘게 다진 다음 A와 섞어서 드레싱을 만든다.
2. 가리비를 원하는 두께로 썰어서 접시에 나란히 올리고, 무순, 붉은 양배추순, 차즈기순, 드레싱을 올려 장식한다.

① 메뉴 선택 포인트

- 신선한 가리비를 맛볼 수 있다.(요리의 유행을 고려)
- 가리비는 인기 있는 식재료이며, 많은 사람이 좋아한다.(식재료의 인기도)
- 식재료의 겉모습이 보기 좋다.(시각효과)
- 새콤한 양념이 식욕을 자극한다.(차가운 전채의 역할)

② 상황별 플레이팅 아이디어

일상	• 볼륨감을 살린 플레이팅. • 비스트로 스타일.	
손님 접대	• 의외성이 있는 플레이팅. • 특별한 느낌을 표현한다.	
파티	• 모두가 집기 편한 배치. • 화려한 플레이팅.	

가리비 가르파초(일상) → p.129

가리비 카르파초(손님접대) → p.128

가리비 카르파초(파티) → p.129

플레이팅 해설 가리비 카르파초

손님접대 (→ p.126)

특별함이 느껴지는 스타일리시한 플레이팅

자연스러운 따뜻함이 있는 가리비의 둥근 모양을 빈틈없고 차가운 느낌의 정사각형으로 만든 요리. 모던한 플레이팅이 된다.

a. 가리비 자르기
얇게 썬 가리비를 나란히 올려놓고 정사각형이 되도록 자른다. 자른 가리비의 선과 접시의 선이 평행이 되게 한다.

b. 새싹채소
무순과 붉은 양배추순을 사용하면, 2가지 색이 어우러져 보기 좋고 리듬감이 생긴다. 또한 잎과 뿌리에 의해 방향성이 생긴다.

d. 드레싱
양하와 차즈기로 만든 드레싱은 옅은 핑크색이 된다.

c. 차즈기순
짙은 보라색과 녹색을 띤 차즈기순의 색깔이 새싹채소의 색깔과 대비되어 요리를 전체적으로 잡아준다.

💬 **플레이팅 포인트**
새싹채소의 선, 정사각형으로 자른 가리비의 선, 차즈기순을 늘어놓은 선이 평행(수평)이 되도록 배치하여 긴장감을 나타냈다. 또한 직사각형 접시를 세로로 놓아서 특별함을 더했다.

접시 선택 포인트 림이 없는 접시가 플레이팅하기 편하다.

○ **응용한 기본 구성도**
면_ 모양을 표현하는 면(정사각형)
배치 밸런스_ 평행(수평)

⭐ **정리**
가리비를 정사각형으로 담고, 가리비와 평행이 되도록 무순, 적양배추순, 차즈기순을 접시에 올린다.

일상 (→ p.125)

볼륨만점의 비스트로 스타일

작은 접시에 볼륨감을 살려서 플레이팅하면 편안한 느낌이 된다. 타원형 접시로 비스트로 분위기를 낸다.

a. **가리비**는 얇게 썬다.
b. **무순과 붉은 양배추순**은 함께 담는다.
c. **차즈기순**은 요리의 포인트로 사용한다.
d. **드레싱**은 가리비 위에 뿌린다.

💬 플레이팅 포인트

가리비의 모양을 그대로 살려서 얇게 슬라이스하고, 접시 가장자리를 따라 겹치게 담으면 볼륨감과 움직임을 살릴 수 있다. 2종류의 새싹채소를 섞어서 접시 가운데에 높게 담으면 리듬이 생긴다. 마지막에 차즈기순을 몇 장 장식하면, 요리 전체를 잡아주는 효과가 있다.

접시 선택 포인트 작은 타원형 접시를 사용하면 가정에서도 손쉽게 비스트로 분위기를 연출할 수 있다.

◯ 응용한 기본 구성도

배치 밸런스_ 밸런스[융합(왼쪽·오른쪽)] →

⭐ 정리

가리비를 슬라이스해서 접시 가장자리를 따라 겹치게 담고, 무순과 붉은 양배추순을 가운데에 담는다. 차즈기순으로 장식하고, 가리비 위에 드레싱을 둘러준다.

파티 (→ p.127)

한입크기로 앙증맞고 먹기 좋게

원형 접시의 모양을 따라 둥근 원을 그리듯이 담으면, 360° 어느 방향에서도 집기 편하고, 화려한 플레이팅이 완성된다.

a. **가리비**는 반으로 슬라이스한다.
b. c. **무순과 붉은 양배추순, 차즈기순**은 조금씩 가리비 위에 올린다.
d. **드레싱**은 가운데에 따로 담아서 덜어 먹는 스타일.

💬 플레이팅 포인트

가리비, 무순, 붉은 양배추순, 차즈기순을 1인분씩 집기 좋게 플레이팅해서 파티에 어울린다.

접시 선택 포인트 가리비의 둥근 모양과 둥근 접시로 통일감이 생기고, 부드러움과 따뜻함이 느껴진다. 림의 너비가 넓어서 플레이팅 공간으로 활용할 수 있다.

◯ 응용한 기본 구성도

점_ 여러 개의 점(원) →

⭐ 정리

가리비는 1인분씩 슬라이스하여 접시의 림부분에 담는다. 무순, 붉은 양배추순, 차즈기순을 가리비 위에 장식한다. 드레싱은 접시 가운데에 담는다.

02 따뜻한 전채

메인요리 전에 가볍게 내는 따뜻한 전채.
요리의 클라이맥스로 향하기 위해 기분을 북돋워주는 전초전이 되는 요리이므로,
입으로 느끼는 맛뿐만 아니라 시각적으로도 맛을 느낄 수 있는 플레이팅을 연출한다.

새우 베니에

베니에는 튀김옷을 입혀서 튀기는 프랑스식 튀김으로, 따뜻한 전채요리를 만들 때 많이 사용하는 요리방법이다. 새우의 탱탱한 식감과 튀김옷의 바삭한 식감이 대비되어 인기가 높다. 소스를 플레이팅하는 방법에 따라 분위기가 크게 달라진다.

Recipe

재료_ 2인분

새우 6마리
소금, 후추 조금씩
A ┌ 박력분 30g
  │ 강력분 30g
  │ 맥주 90ml
  └ 인스턴트 드라이이스트 3g
식용유 적당량
B ┌ 마요네즈 50g
  │ 고추장 2작은술
  └ 마늘 간 것 조금
어린잎채소(믹스) 적당량
사워크림 적당량
카이엔페퍼 적당량

만드는 방법
1. 새우는 밑손질을 하고, A, B를 각각 섞어놓는다.
2. 새우는 박력분(분량 외)을 묻히고, A에 담가서 튀김옷을 입힌 다음, 170℃로 가열한 기름에 튀긴다.
3. 어린잎채소, B, 2를 접시에 담는다.

① 메뉴 선택 포인트

- 베니에는 따뜻한 전채요리에 많이 사용되는 요리방법.(전통적으로 인기 있는 요리법)
- 새우에는 섬세한 감칠맛이 있어서 많은 사람들이 좋아한다.(인기 있는 식재료)
- 새우는 모양이 독특하며, 가열하면 붉은색으로 변해서 보기 좋다.(시각효과)

② 상황별 플레이팅 아이디어

일상	• 가정적인 따뜻함. • 심플한 플레이팅.	
손님 접대	• 새우의 모양을 살린다. • 움직임이 있는 플레이팅.	
파티	• 먹기 편함. • 집기 편함.	

새우 베니에(일상) → p.135

새우 베니에(손님접대) → p.134

새우 베니에(파티) → p.135

플레이팅 해설 새우 베니에

손님접대 (→ p.132)

소스와 식재료 모양의 하모니

소스로 그린 힘찬 선과 새우의 배치 밸런스로
접시 가운데에 새우가 살아 있는 듯한 약동감이 느껴지는 플레이팅.

a. 고추장 마요네즈 소스
소스로 접시에 선을 그려도 흘러내리지 않도록, 어느 정도 점도가 있는 소스를 사용하는 것이 좋다. 파도가 일렁이는 듯한 느낌을 표현한다.

b. 어린잎채소
원하는 모양의 어린잎채소를 골라서 접시에 장식한다. 다양한 종류의 어린잎이 섞여 있어서 허브처럼 토핑으로 활용할 수 있다.

c. 처빌
섬세한 모양의 허브. 요리의 악센트가 된다.

e. 사워크림
맛에 악센트를 주고, 흰 접시와 대비되는 입체적인 플레이팅으로 접시에 움직임이 생긴다.

d. 향신료
카이엔페퍼와 검은 후추는 모두 매운맛을 내는 악센트가 된다. 또 붉은색과 검은색의 색감도 인상적이다.

f. 새우 베니에
새우에 튀김옷을 입혀서 튀긴 서양식 튀김요리.

💬 **플레이팅 포인트**

소스로 반지름이 같은 곡선을 그리고, 그 위에 밸런스를 맞춰서 새우를 올린다. 새우와 마주보게 장식한 어린잎채소의 녹색과 새우의 은은한 붉은색의 대비로 움직임이 느껴지는 플레이팅이 된다.

접시 선택 포인트 림이 없어서 평평한 면적이 넓기 때문에 연출할 수 있는 공간이 크고 구도를 생각하기 편하다.

○ **응용한 기본 구성도**
선_ 곡선(같은 반지름의 물결선)
색_ 강조(토핑(살포))

⭐ **정리**
소스로 곡선을 그리고 그 위에 밸런스에 맞게 새우튀김을 올린다. 사워크림과 어린잎채소를 각각 새우 주변에 장식한다. 처빌을 올리고 카이엔페퍼와 검은 후추를 뿌린다.

파티 (→ p.133)

파티요리는 핑거푸드로 화려하게
작아서 집어먹기 편한 핑거푸드는 파티에서 인기가 높은 아이템이다. 1인분을 구분하기 쉽게 담는 것이 비결이다.

a. **고추장 마요네즈 소스**는 점모양으로 담는다.
b. **어린잎채소**는 각각 다른 종류로 장식한다.
c. **처빌**   d. **향신료**   e. **사워크림**
f. **새우**는 접시 가운데에 수직선이 되도록 담는다.

💬 **플레이팅 포인트**
접시 가운데에 직선으로 담은 새우를 사이에 두고 고추장 마요네즈소스와 사워크림, 처빌과 어린잎채소, 카이엔페퍼와 검은 후추를 좌우로 나눠서 반복적으로 플레이팅하면 리듬이 생긴다.

접시 선택 포인트 직사각형 접시를 세로로 길게 놓으면 1인분씩 플레이팅하기 좋다.

○ **응용한 기본 구성도**
점_ 여러 개의 점(직선)   →

⭐ **정리**
직사각형 접시는 세로로 길게 놓는다. 가운데에 새우 베니에를 담고, 새우를 중심으로 오른쪽에는 사워크림, 어린잎채소, 카이엔페퍼, 왼쪽에는 고추장 마요네즈 소스, 처빌, 검은 후추를 순서대로 플레이팅한다.

일상 (→ p.131)

가정적인 따뜻함이 느껴지는 플레이팅
새우, 어린잎채소, 소스를 작은 접시에 알차게 담으면 볼륨감이 좀 더 강조된다. 장식이 없는 심플한 플레이팅.

a. **고추장 마요네즈 소스**는 한곳에 많이 담는다.
b. **어린잎채소**는 볼륨있게 담는다.
d. **향신료**로 요리를 잡아준다.
f. **새우**는 어린잎채소와 마주보게 담는다.

💬 **플레이팅 포인트**
새우, 어린잎채소, 소스는 각각 볼륨있게 담는다. 향신료가 악센트로 맛과 플레이팅을 잡아주는 역할이다.

접시 선택 포인트 작고 둥근 접시는 양이 적어도 푸짐해 보이는 플레이팅을 할 수 있다.

○ **응용한 기본 구성도**
배치 밸런스_ 밸런스[나열(왼쪽·오른쪽)]   →

⭐ **정리**
새우, 어린잎채소, 소스는 밸런스에 맞게 플레이팅한다. 마지막에 향신료를 뿌린다

03 생선요리(메인요리)

동양에서도 생선요리를 많이 먹지만, 서양에서도 다양한 방법으로 생선을 요리하여 메인요리로 제공한다. 최근에는 식재료 본래의 맛을 그대로 살리는 심플한 양념과 요리방법을 주로 사용한다.
식재료의 파워를 보여주는 듯한, 효과적인 플레이팅을 해보자.

프로방스풍 삼치조림

토마토, 마늘, 올리브유를 사용한 이 요리는 프랑스 프로방스 지방의 대표적인 향토요리이다. 토마토를 이용한 조림은 우리에게도 익숙한 요리방법이다. 가정적인 요리이지만 플레이팅으로 변화를 줄 수 있다.

Recipe

재료_ 2인분
삼치 2토막
마늘 1쪽
홍고추 1/2개
파프리카를 넣은 그린올리브 4개
소금, 후추 적당량씩
밀가루 2큰술
올리브유 2큰술
토마토소스 1/4컵
화이트와인 2큰술
타임 적당량

만드는 방법
1. 삼치를 적당한 크기로 잘라서 양면에 소금을 뿌린다. 수분이 배어나오면 닦아내고 밀가루를 뿌린다. 마늘은 얇게 슬라이스한다.
2. 프라이팬에 올리브유를 두르고 삼치를 중간 불로 노릇하게 굽는다.
3. 2에 마늘, 홍고추, 그린올리브를 넣고 향이 날 때까지 볶는다. 토마토소스, 화이트와인, 타임을 넣고 중간 불로 5~6분 동안 조린 다음, 소금, 후추로 간을 한다.

① 메뉴 선택 포인트

- 삼치는 고등어과이지만 살이 하얗고 육질이 부드럽다.(식재료의 감칠맛)
- 토마토, 올리브, 마늘은 인기 있는 조합이다.(인기 있는 요리방법)

② 상황별 플레이팅 아이디어

일상	• 따뜻함이 있는 가정적인 플레이팅. • 심플한 플레이팅.	
손님 접대	• 요리를 심플하게 보여준다. • 요리 고유의 맛을 즐긴다.	
파티	• 타파스 스타일.(작은 접시) • 덜어 먹기 편함.	

프로방스풍 삼치조림(일상) → p.141

프로방스풍 삼치조림(손님접대) → p.140

프로방스풍 삼치조림(파티) → p.141

플레이팅 해설 프로방스풍 삼치조림

손님접대 (→ p.138)

심플하고 세련된 플레이팅

삼치 본래의 맛을 즐기기 위해서는 토마토소스,
타임, 올리브유의 섬세한 밸런스가 중요하다.

a. 삼치
사각형으로 잘라서 2단으로 쌓는다.

b. 토마토소스
소스는 생선 본래의 맛을 즐기기 위해
삼치 위에 보기 좋게 조금만 올린다.

c. 타임
요리에 사용한 타임을 밸런스를 맞춰서 접시에 담고, 그 위에 삼치를 2단으로 올린다.

d. 그린올리브
속에 파프리카가 들어 있는 그린올리브. 슬라이스해서 속이 보이게 하면 색감이 보기 좋다.

e. 올리브유
소스로 요리를 완성하는 대신, 접시에 올리브유를 한 바퀴 둘러준다.

💬 플레이팅 포인트

삼치의 맛을 방해하지 않도록 맛이 강한 토마토소스는 조금만 올리고, 타임과 올리브유로 맛과 플레이팅에 악센트를 준다. 생선살은 사각형으로 잘라서 접시와 통일감을 주고, 2단으로 겹쳐 담아서 존재감과 리듬을 살렸다. 심플하면서도 섬세한 플레이팅.

접시 선택 포인트 정사각형 접시로 삼치 모양과 통일감을 주었다.

⭕ 응용한 기본 구성도

입체_ 정육면체
선_ 포물선
색_ 강조[토핑(집중)]

⭐ 정리

타임을 접시에 담고 가운데에 삼치를 2단으로 쌓는다. 슬라이스한 그린올리브로 장식하고 올리브유를 주위에 둘러준다.

일상 (→ p.137)

가정적이고 따뜻한 플레이팅

소박한 플레이팅은 안도감을 준다. 알맞게 담은 요리에 마음도 배도 만족할 것이다.

a. **삼치**는 토막낸 크기 그대로 담는다.
b. **토마토소스**를 듬뿍 올린다.
c. **타임**은 삼치 위에 토핑으로 심플하게 올린다.
d. **그린올리브**는 그대로 장식한다.

💬 **플레이팅 포인트**

삼치토막의 볼륨감, 푸짐한 토마토소스, 특별하지 않은 심플함이 일상을 즐겁게 만들어주는 플레이팅의 포인트이다.

접시 선택 포인트 전형적인 원형 접시. 조금 작은 접시를 선택하면 요리에 볼륨감을 살릴 수 있다.

⭕ **응용한 기본 구성도**
선_ 포물선
색_ 강조[토핑(집중)]

⭐ **정리**

삼치를 접시에 담고, 소스를 얹는다. 그린올리브와 타임은 삼치 위에 장식한다.

파티 (→ p.139)

작은 접시를 사용한 타파스 스타일의 플레이팅

덜어 먹기 어려운 메인요리는 미리 작은 접시에 플레이팅한다. 보기에도 귀엽고 먹기에도 편하다.

a. **삼치**는 작은 접시에 맞춰서 작게 자른다.
b. **토마토소스**는 삼치 위에 뿌린다.
c. **타임**은 삼치 위에 올리지 않고 접시 전체를 장식한다.
d. **그린올리브**는 삼치에 1개씩 곁들인다.
e. **작은 접시**에 1인분씩 담아서 먹기 편하게 해준다.

💬 **플레이팅 포인트**

1인분씩 담은 작은 접시를 큰 접시 위에 올릴 때, 좌우로 어긋나게 올리면 움직임이 느껴진다. 접시 전체를 장식한 타임의 밸런스가 움직이는 느낌을 더해준다.

접시 선택 포인트 직사각형 접시를 트레이 대신 사용한다. 작은 접시와 모양의 밸런스가 잘 맞는다.

⭕ **응용한 기본 구성도**
배치 밸런스_ 평행(사선)

⭐ **정리**

작은 접시에 요리를 1인분씩 담고 직사각형 접시 위에 올린다. 타임으로 접시 전체를 장식한다.

04 고기요리(메인요리)

음식 중에서 가장 인기가 많은 것은 역시 고기요리이다.
식재료 본래의 감칠맛과 깊은 맛이 응축된 고기요리는 존재감 있는 플레이팅으로 완성한다.

소고기 탈리아타

탈리아타는 소고기를 구워서 얇게 썬 이탈리아의 정통요리이다. 심플하게 고기를 구워서 만드는 탈리아타는 임팩트 있는 플레이팅으로 식재료의 파워를 표현하는 것이 좋다.

Recipe

재료_ 2인분
소고기(등심) 200g
루콜라 4포기
래디시 2개
파르미자노 레자노 치즈 적당량
소금 1/3작은술
검은 후추 적당량
올리브유 1큰술
카시스 머스터드 소스 적당량

만드는 방법
1. 소고기(등심)에 소금, 검은 후추를 손으로 문질러서 바른다.
2. 올리브유를 센 불로 가열하고 1을 올려서 양면을 구운 다음 잠시 그대로 둔다. 먹기 좋은 크기로 자른다.
3. 접시에 2와 루콜라, 래디시를 담고, 파르미자노 치즈를 뿌린다. 카시스 머스터드 소스를 곁들이고 검은 후추를 뿌린다.

① 메뉴 선택 포인트

- 육류 중에서도 소고기는 남녀노소 모두 좋아하는 식재료이다.(인기 있는 고급 식재료)
- 심플한 요리방법으로 식재료 자체를 즐긴다.(정통요리)
- 테이블을 화려하게 연출할 수 있는 힘이 있는 메뉴.(심리효과)

② 상황별 플레이팅 아이디어

일상	• 정통 이탈리아 스타일. • 볼륨만점의 캐주얼한 느낌.	
손님 접대	• 모던하고 세련된 플레이팅. • 재미를 가미해 특별한 느낌을 표현한다.	
파티	• 디자인성이 있는 플레이팅. • 스타일리시한 플레이팅.	

소고기 탈리아타(일상) → p.147

소고기 탈리야타(손님접대) → p.146

소고기 탈리아타(파티) → p.147

플레이팅 해설 소고기 탈리아타

손님접대 (→ p.144)

캠퍼스에 그림을 그리듯이 플레이팅한다

접시에 그림을 그리듯이 요리를 담아서 재미있게 완성한 플레이팅. 눈으로도 즐길 수 있는 요리가 된다.

c. 루콜라
은은하게 씁쓸한 맛이 있는 잎채소. 한 장 한 장의 모양이 독특하다.

e. 파르미자노 레자노
얇게 슬라이스해서 직사각형으로 만든다. 고기와 같은 모양으로 잘라서 준비한다.

b. 카시스 머스터드 소스
프랑스 디종의 특산품인 카시스(블랙 커런트)를 넣은 머스터드. 소고기와 궁합이 좋다. 색감이 좋아서 악센트가 된다.

a. 소고기
구운 다음 잠시 두었다가 직육면체 모양으로 자른다. 몇 조각을 나열하여 정사각형을 만든다.

d. 래디시
자르지 않고 둥근 모양을 그대로 살린다.

🔴 플레이팅 포인트

직육면체로 자른 소고기의 자른 면이 위를 향하고, 전체가 정사각형이 되도록 플레이팅한다. 루콜라가 고기에서 자라나는 것처럼 보이는 배치와 카시스 머스터드 소스의 배치로 약동감을 표현한다.

접시 선택 포인트 평평하고 림이 없는 접시는 플레이팅할 수 있는 공간이 넓어서 좋다.

⭕ 응용한 기본 구성도

면_ 모양이 있는 면(정사각형)
점_ 여러 개의 점(직선)

→

⭐ 정리

직육면체로 고기를 잘라서 담고, 루콜라, 래디시, 파르미자노 레자노를 플레이팅한다. 카시스 머스터드 소스를 곁들이고 마무리로 검은 후추를 뿌린다.

일상 (→ p.143)

트라토리아풍의 캐주얼한 스타일

얇게 썬 따뜻한 소고기를 풍성한 샐러드와 함께 먹는 고급스러운 요리. 기분이 좋아진다.

a. **소고기**는 얇게 잘라서 겹치게 담는다.
b. **카시스 머스터드 소스**를 곁들인다.
c. **루콜라**를 볼륨감 있게 담는다.
d. **래디시**는 먹기 좋게 세로로 4등분한다.
e. **파르미자노 레자노**를 갈아서 뿌린다.

※ 트라토리아(trattoria)_ 지방의 특색 음식을 중심으로 한 소규모 식당.

💬 **플레이팅 포인트**
먹기 좋게 식재료를 손질해서 볼륨감 있게 플레이팅한다. 스테이크는 슬라이스, 래디시는 반달모양썰기, 파르미자노 레자노는 갈아서 준비한다.
접시 선택 포인트 타원형 접시는 캐주얼한 느낌을 만들어 준다.

⚪ **응용한 기본 구성도**
배치 밸런스_ 밸러스[융합(왼쪽·오른쪽)] →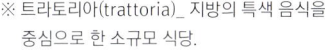

⭐ **정리**
구운 고기를 잠시 그대로 두었다가 얇게 썰어서 담는다. 루콜라, 래디시, 파르미자노 레자노를 플레이팅한다. 카시스 머스터드 소스를 곁들이고, 검은 후추를 뿌려서 마무리한다.

파티 (→ p.145)

기하학적으로 디자인한 플레이팅

소고기를 직육면체로 자르면 기하학의 '선'을 표현하는 느낌이 된다. 기계적인 느낌을 주는 배치 밸런스와의 상승작용으로 스타일리시한 디자인의 플레이팅이 되었다.

a. **소고기**는 직육면체 모양으로 자른다.
b. **카시스 머스터드 소스**는 각각 고기 위에 올린다.
c. **루콜라**는 접시 전체의 장식으로 곁들인다.
d. **래디시**는 먹기 좋게 슬라이스해서 고기 위에 각각 올린다.
e. **파르미자노 레자노**는 크게 직사각형으로 슬라이스한다.

💬 **플레이팅 포인트**
자른 소고기로 디자인한 수평선과 수직선으로 긴장과 융합을 표현하였다. 파르미자노 레자노를 고기 밑에 깔아서 선이 좀 더 강조되었다. 모던한 플레이팅.
접시 선택 포인트 플레이팅과 통일감을 주기 위해 수평과 수직의 밸런스가 잡힌 사각형 접시를 선택한다.

⚪ **응용한 기본 구성도**
배치 밸런스_ 평행(수평)
배치 밸런스_ 평행(수직)
→

⭐ **정리**
파르미자노 레자노를 접시에 담고, 그 위에 직육면체로 자른 소고기를 플레이팅한다. 카시스 머스터드 소스와 래디시를 올리고, 검은 후추를 뿌린다. 루콜라로 장식한다.

05 샐러드

샐러드에는 크게 2가지 역할이 있다. 1가지는 메인요리를 먹은 다음, 입안을 깔끔하게 만들어주는 것이다.
또 1가지는 신맛이 있는 드레싱을 곁들여서 식욕을 돋워주는 것이다.
어떤 샐러드이든 잎상추 종류를 중심으로 심플하게 만드는데, 최근에는 다양한 식재료를 곁들여서
볼륨감 있고 화려하게 만든 샐러드가 인기가 높기 때문에 플레이팅에도 신경을 써야 한다.

니수아즈 샐러드

니수아즈 샐러드는 프랑스 니스 지방에서 시작된 샐러드로, 토마토, 안초비, 올리브, 삶은 달걀 등이 주재료이지만 여러 가지 식재료를 더해 독자적인 스타일로 만드는 경우도 많다. 캐주얼한 요리인 만큼 독창적인 발상으로, 특별하게 플레이팅한다.

🍲 Recipe

재료_ 2인분
삶은 달걀 2개
감자(작은 것) 2개
꼬투리강낭콩 6개
샐러드채 1포기
토마토(중간 것) 1개
참치 통조림(작은 것) 1개
안초비 2장
블랙올리브 6개

드레싱
머스터드 1/2큰술
화이트와인식초 2큰술
식용유 3큰술
소금, 검은 후추 적당량씩

만드는 방법
1. 감자와 꼬투리강낭콩은 소금을 넣은 끓는 물에 데쳐서 적당한 크기로 잘라둔다.
2. 삶은 달걀, 토마토는 먹기 좋은 크기로 자르고, 참치는 기름을 제거한다.
3. 접시에 샐러드채, 1, 2, 안초비, 블랙올리브를 담고 드레싱 재료를 잘 섞어서 뿌린다.

① 메뉴 선택 포인트

- 건강을 생각하는 사람이 많아져서 샐러드의 인기가 높다.(유행하는 메뉴)
- 재료를 풍성하게 담아서 잘 먹는 느낌을 준다.(심리효과)
- 친숙한 식재료로 안도감을 준다.(인기 있는 식재료)

② 상황별 플레이팅 아이디어

일상	• 화려하고 보기 좋은 샐러드. • 포만감이 느껴지는 볼륨. • 심플한 플레이팅.	
손님접대	• 모던한 전채요리로 만든다. • 의외성이 있는 플레이팅.	
파티	• 참신한 플레이팅. • 디자인의 선을 고려한다. • 덜어 먹기 좋은 기능성.	

니수아즈 샐러드(일상) → p.153

니수아즈 샐러드(파티) → p.153

니수아즈 샐러드(손님접대) → p.152

플레이팅 해설 니수아즈 샐러드

손님접대 (→ p.151)

밀푀유 모양으로 만든 새로운 전채요리로 응용

식재료를 겹쳐서 밀푀유 모양으로 만든 섬세한 플레이팅.
플레이팅에 따라 평범한 가정요리도 모던한 손님접대 요리가 될 수 있다.

a. 드레싱
머스터드로 맛을 낸 비네거드레싱. 색감의 힘으로 요리에 움직임이 생긴다.

c. 감자
식재료를 겹쳐서 쌓을 수 있도록 감자를 둥글게 썰어서 자른 면을 평평하게 만든다.

b. 안초비
안초비 필레는 수직선이 강조되도록 자른다.

e. 삶은 달걀
삶은 달걀은 둥글게 썬다. 색깔이 밝아서 가벼운 이미지가 생긴다.

d. 토마토
토마토는 둥글게 썬다. 감자와 크기를 맞춰야 깔끔하게 플레이팅할 수 있다.

🔴 플레이팅 포인트

감자, 토마토, 꼬투리강낭콩, 참치는 크기와 볼륨을 맞춰서 플레이팅해야 밸런스를 잡기 편하다. 식재료 전체를 수직으로 플레이팅한 것과 다르게 수평으로 보이는 안초비 필레가 악센트가 된다.

접시 선택 포인트 플레이팅에 높이가 있고, 재미의 요소가 많기 때문에 비교적 평평한 접시를 선택한다.

⚪ 응용한 기본 구성도

선_ 직선(수직)
입체_ 직육면체

⭐ 정리

드레싱으로 접시 가운데에 수직선을 그린다. 감자, 토마토, 꼬투리강낭콩, 참치, 삶은 감자를 겹쳐서 쌓는다. 블랙올리브, 안초비로 장식하고 검은 후추를 뿌린다. 샐러드채를 올린다.

일상 (→ p.149)

캐주얼하고 풍성한 볼륨의 샐러드

식재료를 큼직하게 잘라서 씹는 느낌이 있는 샐러드를 만든다. 볼륨이 있는 심플한 요리는 장식을 많이 하지 않고, 식재료 자체를 살리는 것이 좋다.

a. **드레싱**은 기호에 맞게 뿌린다.
b. **안초비**는 손으로 자른다.
c. **감자**는 반달모양으로 잘라서 존재감을 살린다.
d. **토마토**는 감자의 모양에 맞춰 반달모양으로 자른다.
e. **삶은 달걀**은 세로로 2등분한다.

💬 **플레이팅 포인트**
크게 자른 식재료를 밸런스를 맞춰서 담는다. 심플한 요리는 고민할 필요 없이 자연스럽게 플레이팅하는 것이 좋다.
접시 선택 포인트 깊이가 있는 접시에 담으면 입체감이 생긴다.

⭕ **응용한 기본 구성도**
짐_ 여러 개의 점(랜덤) ➔

⭐ **정리**
샐러드채를 접시에 담고, 감자, 토마토, 꼬투리강낭콩, 참치, 삶은 달걀, 블랙올리브를 밸런스에 맞게 플레이팅한 다음, 마지막에 안초비를 올린다.

파티 (→ p.150)

식재료를 기하학적으로 나열한다

식재료를 수평으로 나열하여 좌우로 퍼져나가는 '선'을 표현. 디자인적인 플레이팅을 시도한 참신한 플레이팅.

a. **드레싱**도 식재료 위에 평행하게 뿌려서 수평선을 강조한다.
b. **안초비**는 필레를 그대로 올려서 직선을 살린다.
c. **감자**는 세로로 2등분한 다음 둥글게 썬다.
d. **토마토**는 블랙올리브와 비슷한 크기를 사용하여 밸런스를 맞춘다.
e. **삶은 달걀**은 슬라이스한다.

💬 **플레이팅 포인트**
재료 전체가 수평선이 되도록 나열한다. 샐러드를 구성하는 식재료를 한눈에 볼 수 있다.
접시 선택 포인트 샐러드가 쏟아지지 않도록, 높이가 조금 있는 접시를 선택한다.

⭕ **응용한 기본 구성도**
선_ 직선(수평) ➔

⭐ **정리**
감자, 토마토, 꼬투리강낭콩, 삶은 달걀을 잘라서 수평선을 그리듯이 플레이팅한다. 블랙올리브, 참치, 샐러드채를 담고 안초비로 장식한다. 드레싱을 올리고, 검은 후추를 뿌린다.

06 파스타

이탈리아 요리에서 파스타는 '첫번째 접시'라는 뜻의 프리모 피아토(Primo Piatto)로, 전채요리와 메인요리 사이에 제공된다. 그런데 우리는 파스타를 단품 메뉴로 취급하는 경우가 많기 때문에, 단품 메뉴로 볼륨감 있게 플레이팅하거나 또는 이탈리아처럼 코스요리를 구성하는 하나의 카테고리로 플레이팅하는 2가지 발상이 가능하다.

토마토와 바질 스파게티니

토마토소스는 대표적인 파스타 소스이다. 토마토의 신맛과 바질의 상쾌한 향은 변함없이 인기가 높다. 일상적으로 먹을 수 있는 파스타이지만 손님접대나 파티에도 활용할 수 있다.

Recipe

재료_ 2인분
- 스파게티니 160g
- 올리브유 3큰술
- 마늘 2~3쪽
- 홀토마토 1캔
- 화이트와인 2큰술
- 바질잎 2줄기 분량
- 소금 1/2작은술
- 검은 후추 조금
- 설탕 적당량
- 파르미자노 레자노 치즈 적당량

만드는 방법
1. 토마토소스를 만든다. 프라이팬에 다진 마늘과 올리브유를 넣고 약한 불로 천천히 볶는다. 홀토마토, 화이트와인, 소금, 후추를 넣고 한소끔 끓인 다음 설탕으로 간을 맞추고 살짝 줄인다.
2. 파스타를 삶는다. 충분한 물에 소금(분량 외)을 넣고, 스파게티니를 겉포장에 나와 있는 설명보다 1분 정도 짧게 삶는다.
3. 2를 1에 넣고 잘 버무려서 접시에 담는다.
4. 바질을 올리고, 파르미자노 레자노, 검은 후추, 올리브유를 뿌린다.

① 메뉴 선택 포인트

- 토마토소스와 바질은 파스타의 정석이다.(인기 메뉴)
- 롱파스타를 활용한다.(정통 건조 파스타)

② 상황별 플레이팅 아이디어

일상	• 안도감이 드는 일상 스타일. • 볼륨감을 살린다.
손님 접대	• 먹기 좋은 편리성. • 특별함을 표현한다. • 전채요리 감각의 플레이팅.
파티	• 덜어 먹기 좋은 편리성. • 사랑스러운 비주얼.

토마토와 바질 스파게티니(일상) → p.159

토마토와 바질 스파게티니(손님접대) → p.158

토마토와 바질 스파게티니(파티) → p.159

플레이팅 해설 토마토와 바질 스파게티니

손님접대 (→ p.156)

조금씩 품위 있게 플레이팅한다
파스타는 캐주얼한 이미지가 있지만, 조금씩 담으면 섬세한 느낌이 된다.

a. 스파게티니
가는 롱파스타. 조금씩 높게 담는다.

b. 바질
맛과 플레이팅에서 모두 악센트가 된다.

c. 파르미자노 레자노
강판에 갈아서 뿌린다. 맛이 잘 어우러진다.

d. 검은 후추
요리의 맛과 플레이팅을 잡아주는 역할이다.

e. 올리브유
마지막에 뿌리면 소스대신 악센트가 된다.

💬 **플레이팅 포인트**
스파게티를 조금씩 높게 담으면 요리에 리듬이 생긴다. 한입크기로 담아서 고급스러운 플레이팅이 되었다.

접시 선택 포인트 스파게티니를 직선으로 나열하고 싶을 때는 접시도 직선이 있는 것을 고르면 통일감이 생긴다.

○ **응용한 기본 구성도**
점_ 여러 개의 점(직선)
선_ 곡선(같은 반지름의 물결선)

⭐ **정리**
스파게티니는 조금씩 높게 담는다. 바질을 올리고, 파르미자노 레자노, 검은 후추, 올리브유를 뿌린다.

일상 (→ p.155)

자연스럽고 캐주얼한 플레이팅

평소에도 자주 먹는 파스타. 가정에서 또는 비스트로나 카페 등에서도 플레이팅은 심플하게 한다.

a. **스파게티니**는 가운데가 조금 높아지도록 봉긋하게 담는다.
b. **바질**은 흘러내릴 것처럼 자연스럽게 올린다.
c. 강판에 간 **파르미자노 레자노**를 골고루 뿌린다.
d. **검은 후추**를 뿌려서 맛과 플레이팅을 잡아준다.

🗨 플레이팅 포인트

스파게티니는 가운데를 봉긋하게 담는다. 바질을 올리는 위치와 밸런스에 따라 인상이 크게 달라지므로, 어떻게 표현할지 미리 생각하고 플레이팅한다.

접시 선택 포인트 스파게티니를 조금 깊은 접시에 담으면, 면이 옆으로 흘러내리시 않아서 봉긋하게 담을 수 있다.

⭕ 응용한 기본 구성도

점_ 크기(존재감)
점_ 여러 개의 점(곡선)

→

⭐ 정리

스파게티니는 접시에 높게 담는다. 바질을 곁들이고, 파르미자노 레자노와 검은 후추를 뿌린다.

파티 (→ p.157)

타파스풍으로 작은 접시에 플레이팅한다

파티에서 파스타를 나눠주기는 어려우므로, 미리 작은 접시에 조금씩 담아서 먹기 좋게 배려한다. 주위에 소스가 튀는 것도 막을 수 있다.

a. **작은 접시**에 **스파게티니**를 나눠 담아서 손님들이 덜어 먹기 좋게 한다.
c. **파르미자노 레자노**는 얇게 직사각형으로 슬라이스한다. 치즈의 풍미를 제대로 맛볼 수 있고, 보기에도 특별한 악센트가 된다.
d. **검은 후추**를 뿌린다.

🗨 플레이팅 포인트

작은 접시에 스파게티니를 담아서 직사각형 접시에 배치한다. 조금씩 담아서 먹기 편하고 집기도 편한, 손님을 배려한 플레이팅이 된다.

접시 선택 포인트 작은 접시는 파스타 전시이 미니어처 같은 기여운 접시를 선택하여 테이블에 변화를 준다.

⭕ 응용한 기본 구성도

배치 밸런스_ 평행(사선)

→

⭐ 정리

스파게티니는 작은 접시에 높게 담는다. 파르미자노 레자노와 바질을 곁들이고 검은 후추를 뿌린다.

07 샌드위치

샌드위치는 얇게 썬 빵 사이에 햄이나 채소 등의 속재료를 끼운 요리로, 영국에서 비롯되었다.
원래는 가벼운 식사 메뉴로 세계 각국에 보급되어 발달했는데,
지금은 고급 식재료를 사용하는 등 호화로운 샌드위치가 등장하여 플레이팅에도 변화가 필요하게 되었다.

B.L.T. 샌드위치

베이컨, 양상추, 토마토를 넣어서 만든 볼륨만점 샌드위치. 채소도 듬뿍 먹을 수 있는 인기 메뉴이다. 캐주얼한 샌드위치도 플레이팅에 따라 이미지가 완전히 달라진다.

Recipe

재료_ 2인분
둥근 식빵 4장
버터 15~20g
머스터드 10~15g
베이컨 4장
양상추 6장
토마토(큰 것) 1개
컬러토마토 적당량
씨겨자 적당량
식용유 적당량

만드는 방법
1. 식용유를 두른 프라이팬에 베이컨을 올려서 노릇하게 굽는다. 토마토는 슬라이스한다.
2. 둥근 식빵을 노릇하게 굽고 버터와 머스터드를 바른다.
3. 2를 1장 놓고 양상추를 접어서 위에 올린 다음 토마토, 베이컨을 순서대로 겹쳐 올린다. 2의 빵을 1장 덮는다.
4. 원하는 크기로 잘라서 담는다. 컬러토마토와 씨겨자를 곁들인다.

① 메뉴 선택 포인트

- 채소를 듬뿍 넣은 메뉴.(건강지향·유행)
- 인기 있는 메뉴.(정통메뉴)
- 심플한 식재료로 대부분의 사람이 좋아한다.(친숙한 식재료)

② 상황별 플레이팅 아이디어

일상	• 캐주얼하고 간단한 식사. • 매일의 식탁.	
손님 접대	• 카페 런치. • 세련된 플레이팅.	
파티	• 가정적인 소박함. • 핑거푸드.	

B.L.T. 샌드위치(일상) → p.165

B.L.T. 샌드위치(손님접대) ~ p.164

B.L.T 샌드위치(파티) → p.165

플레이팅 해설 B.L.T. 샌드위치

손님접대 (→ p.162)

재료가 보이게 담아서 식욕을 자극한다

샌드위치의 모양을 살리면서 빵 사이에 넣은 속재료가 보이게 담는 세련된 플레이팅.

a. 둥근 식빵 자르기
가로로 4등분한다. 볼륨이 있으므로 먹기 편하게 자른다.

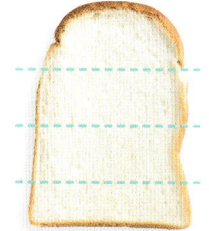

d. 컬러토마토
서로 다른 색으로 씨겨자와 대칭이 되게 담는다.

b. 토마토
자른 면이 깔끔하게 보이도록 빵 크기에 맞는 큰 토마토를 선택한다.

c. 씨겨자
맛과 색감에 악센트로 빼놓을 수 없는 식재료이다.

💬 **플레이팅 포인트**

둥근 식빵의 모양을 살리면서 속재료가 보이게 담으면 식상하지 않은 플레이팅이 된다. 볼륨감이 보기 좋게 드러나도록 속재료를 넣는 것이 포인트.

접시 선택 포인트 샌드위치를 놓을 수 있는 평평한 면이 넓은 접시.

응용한 기본 구성도
배치 밸런스_ 평행(사선)

⭐ **정리**
둥근 식빵 사이에 속재료를 넣고 가로로 4등분하여 접시에 담는다. 컬러토마토와 씨겨자를 곁들인다.

파티 (→ p.163)

딱딱한 규칙이 필요 없는 모임에

캐주얼한 핑거푸드로 부드러운 분위기를 만들 수 있다.

a. **둥근 식빵**은 세로로 2등분 하고, 다시 가로로 3등분한 다. 디저트 샌드위치 정도 의 크기로 자른다.
b. **토마토**는 작게 자른 빵 크기 에 맞게 작은 것을 고른다.

💬 플레이팅 포인트

샌드위치가 무너지지 않도록 꼬치로 고정한다. 접시 가장자리와 평행하게 밸런스를 맞춰서 샌드위치를 담는다. 접시 가운데에도 담아서 밸런스를 잡는다.

접시 선택 포인트 림이 없는 평평하고 큰 접시.

⚪ 응용한 기본 구성도

짐_ 여러 개의 짐(원)

⭐ 정리

둥근 식빵에 버터와 머스터드를 발라서 자른 다음, 속재료를 사이에 넣는다. 꼬치로 꽂아서 무너지지 않게 한다.

일상 (→ p.161)

매일 먹어도 싫증나지 않는 심플한 스타일

작은 접시에 담으면 볼륨감이 강조된다. 따뜻하고 가정적인 느낌의 플레이팅.

a. **둥근 식빵**은 위쪽 1/3 정 도를 가로로 잘라내고, 나머지는 어슷하게 2등 분한다.
c. **씨겨자**는 밸런스에 맞게 곁들인다.
d. **컬러토마토**는 다양한 색깔 로 곁들인다.

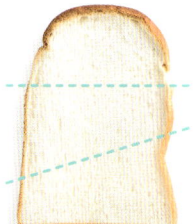

💬 플레이팅 포인트

색감을 더하기 위해 평소와 다른 색깔의 토마토로 장식한다. 맛에 플러스 알파가 되도록 씨겨자를 곁들인다.

접시 선택 포인트 림이 조금 높은 접시를 선택하면 샌드위치가 떨어지지 않는다.

⚪ 응용한 기본 구성도

배치 밸런스_ 그룹(삼각형)

⭐ 정리

식빵에 속재료를 넣고 위쪽 1/3을 자른다. 나머지는 어슷하게 2등분한다. 접시에 담고 컬러토마토와 씨겨자를 곁들인다.

08 디저트

식사의 마지막을 달콤하게 장식하는 디저트.
맛은 물론이고 디자인도 뛰어난 디저트를 원하는 사람이 많아지고 있다.
자유로운 발상으로 시각적인 임팩트가 있는 플레이팅을 해보자.

초콜릿무스

초콜릿의 풍부한 맛이 살아 있는 대표적인 디저트. 부드럽고 녹는 듯한 식감으로 인기 있는 전통 디저트도 겉모습이 바뀌면 인상이 크게 달라진다.

🍲 Recipe

재료_ 만들기 편한 적당량
초콜릿 65g
버터 50g
달걀노른자 2개 분량
달걀흰자 2개 분량
설탕 30g

튀일
버터 50g / 설탕 50g
달걀흰자 50g / 박력분 40g

소스 등
휘핑크림 / 살구잼 / 초콜릿 소스
카르다몸 파우더 / 초콜릿 파우더 / 처빌

※ 카르다몸(Cardamon)_ 생강과의 고급 향신료.

만드는 방법
1. 초콜릿은 잘게 다져서 버터와 같이 볼에 넣고 중탕으로 녹인 다음, 달걀노른자를 넣고 섞는다. 다른 볼에 달걀흰자를 넣고 거품을 낸다. 중간에 설탕을 2~3번에 나눠서 넣고 머랭을 만든다. 머랭을 초콜릿이 들어 있는 볼에 넣고 섞은 다음 냉장고에 넣어 차갑게 식힌다.
2. 튀일을 만든다. 상온에 두어서 부드럽게 만든 버터와 설탕, 달걀흰자를 잘 섞은 다음, 박력분을 넣고 다시 섞는다. 튀일용 직사각형틀에 붓고 180℃ 오븐에서 3~5분 굽는다.
3. 초콜릿무스를 접시에 담고 튀일과 소스 등으로 장식한다.

① 메뉴 선택 포인트

- 초콜릿은 남녀노소가 좋아한다.(인기 있는 식재료)
- 가벼운 식감.(요리의 유행, 흐름에 맞춰 가볍게)
- 대표적인 디저트.(안도감)

② 상황별 플레이팅 아이디어

일상	• 카페 스타일. • 소박한 플레이팅.
손님 접대	• 모던한 스타일. • 어른들이 좋아하는 세련된 디저트.
파티	• 편안한 스타일. • 핑거푸드.

초콜릿무스(일상) → p.171

초콜릿무스(파티) → p.170

초콜릿무스(손님접대) → p.171

플레이팅 해설 초콜릿무스

파티 (→ p.168)

튀일 위에 올려서 핑거푸드로
튀일(얇게 구운 쿠키)에 무스를 올려서 간단하게 집어먹을 수 있는 디저트로 완성.

a. 초콜릿무스
짤주머니에 넣은 무스를 튀일 위에 짠다.

d. 살구잼
적당히 신맛이 있는 잼은 초콜릿과 궁합이 좋다. 윤기를 내는 효과도 있다.

e. 휘핑크림
초콜릿 색깔과 대비되어 플레이팅에 악센트가 된다.

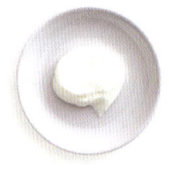

g. 초콜릿 파우더
마무리로 사용하여 요리에 악센트를 준다.

b. 튀일
반죽을 얇게 밀어서 구운 쿠키. 식감이 바삭하다.

c. 카르다몸 파우더
풍부한 향이 있는 고가의 향신료로, 향신료의 여왕이라고 불린다. 고급스럽고 산뜻한 향이 초콜릿과 어울린다.

f. 초콜릿 소스
초콜릿무스와 질감이 대비되어 입체감이 생긴다.

h. 처빌
디저트에도 허브를 토핑하면 색감과 리듬이 살아나고, 악센트가 된다.

💬 플레이팅 포인트
튀일에 초콜릿무스를 올려서 손으로 집어 먹게 만든 스타일은 파티에 제격이다. 접시에 자유롭게 플레이팅해서 움직임이 느껴진다.

접시 선택 포인트 초콜릿무스를 밸런스에 맞게 많이 담을 수 있도록, 림이 없고 평평한 접시를 선택하는 것이 좋다.

⭕ 응용한 기본 구성도
점_ 여러 개의 점(랜덤)
색_ 강조[토핑(살포)]

⭐ 정리
초콜릿무스를 튀일 위에 짠다. 휘핑크림, 살구잼, 초콜릿 소스, 카르다몸 파우더, 초콜릿 파우더, 처빌로 장식한다.

일상 (→ p.167)

카페풍의 캐주얼한 디저트

심플하고 세련된 플레이팅으로 인기 있는 카페 스타일은 먹는 사람을 기분 좋게 해준다.

a. **초콜릿무스**는 스푼으로 모양을 만든다.
e. 풍성한 **휘핑크림**은 초콜릿무스 밑에 깐다.
f. **초콜릿 소스**로 무스 주변에 러프하게 원을 그린다.
g. **초콜릿 파우더**를 마지막에 뿌린다.
h. **처빌**을 조금 크게 잘라서 장식한다.

💬 플레이팅 포인트

무스 주변에 초콜릿 소스로 원을 여러 겹 그린다. 러프한 원은 따뜻함과 움직임을 만든다. 장식은 심플하게 한다.

접시 선택 포인트 대부분 원형 접시를 사용하지만, 정사각형 접시로 변화를 주는 것도 좋다. 작은 접시가 사용하기 좋다.

⭕ 응용한 기본 구성도

선_ 원
색_ 강조[토핑(집중)]

⭐ 정리

접시에 휘핑크림을 깔고 그 위에 초콜릿무스를 올린다. 초콜릿 소스, 초콜릿 파우더, 처빌로 장식한다.

손님접대 (→ p.169)

세련되고 모던한 플레이팅

접시의 공간을 살린 세련된 느낌의 어른용 디저트. 심플한 플레이팅과 접시의 연출효과가 잘 어울린다.

a. **초콜릿무스**는 원형틀로 모양을 만든다.
b. **튀일**은 무스 양옆에 둔다.
c. **카르다몸 파우더**는 접시에 조금 뿌린다.
d.e.f. **살구잼, 휘핑크림, 초콜릿 소스**로 무스 위에 불규칙한 점을 찍어서 악센트를 준다.
g. **초콜릿 파우더**는 접시에 조금 뿌린다.

💬 플레이팅 포인트

원형틀 등으로 초콜릿무스의 모양을 만들면 입체적인 느낌의 모던한 플레이팅이 된다. 장식을 많이 하지 않고, 공간을 즐기는 플레이팅.

접시 선택 포인트 림의 너비가 넓어서 공간성을 연출할 수 있다.

⭕ 응용한 기본 구성도

면_ 공간을 표현하는 면(원×직사각형)
점_ 여러 개의 점(랜덤)

⭐ 정리

초콜릿무스를 틀로 찍어서 모양을 만든다. 살구잼, 휘핑크림, 초콜릿 소스로 장식한다. 튀일을 곁들이고 카르다몸 파우더와 초콜릿 파우더를 뿌린다.

COLUMN 착시 이야기 2

착시란 시각적인 착각 현상을 말하는데, 플레이팅에 이를 잘 이용하면 높은 시각적 효과를 기대할 수 있다. 반대로 자신이 의도하지 않는 착시효과가 생길 수도 있으니 주의해야 한다. 여기서는 길이(직선)와 도형의 변칙성에 관련된 대표적인 3가지 착시효과를 소개한다.

픽 착시(수평-수직 착시)

같은 길이의 수직선은 수평선보다 길어 보인다.

※ 19세기 중반경 픽(A. fick)이 발견.

그림1 픽 착시

뮐러리어 착시

언뜻 보기에 2개의 수평선은 길이가 달라 보이지만, 실제로는 같은 길이이다. 같은 길이로 2개의 선을 그린 다음, 양끝에 어떤 도형을 그리는지에 따라 길이가 달라 보인다. 일반적으로 밖을 향한 도형을 그린 직선이 길어 보이고, 안을 향한 도형을 그린 직선은 짧아 보인다.

※ 19세기 후반 뮐러리어(F.C.Muller-Lyer)가 발견.

그림2 뮐러리어 착시

포겐도르프 착시

사선을 그리고 그 사이를 도형으로 가리면 사선이 직선이 아닌 것처럼 보인다. 2개의 선이 만드는 예각이 실제보다 크게 인식되어, 착시현상을 일으키는 것이다. 사선이 수평에 가깝고 예각이 90도에 가까우면, 착각의 정도가 약해진다.

※ 19세기 중반경 포겐도르프(J.C.Poggendorff)가 발견.

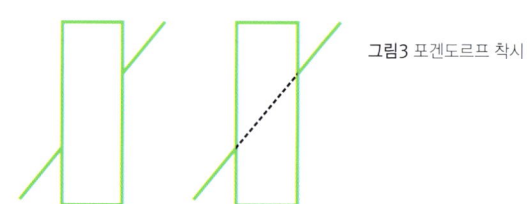

그림3 포겐도르프 착시

4. 접시에 따라 달라지는 플레이팅 효과

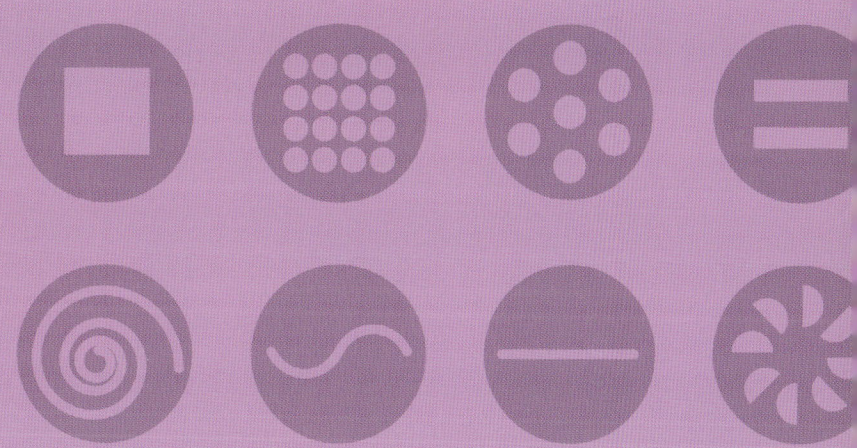

접시의 모양이 시각심리에 영향을 준다는 것은 앞에서 설명했다. 플레이팅에 있어서 접시는 큰 영향을 미치는 요소이다. 현재는 우리에 관계없이 보기 좋게 담을 수 있는 흰색 접시를 많이 사용하지만, 약간의 변화를 주고 싶을 때도 있다. 림에 볼록한 릴리프가 있는 것, 림에 무늬가 있는 것, 접시 전체에 무늬가 있는 것, 모양이 특이한 것, 유리로 만든 것 등 여러 가지 접시를 소개하고, 다른 접시에 같은 요리를 플레이팅하면 어떤 차이와 효과가 있는지 비교하였다.

1 림에 릴리프가 있는 접시

**릴리프는 지나치게 두드러지지 않으면서
플레이팅 디자인의 악센트가 된다**

흰색 접시에 살짝 변화를 주고 싶을 때는 림에 모티브가 볼록하게 새겨져 있는 접시가 좋다. 색깔이 없는 흰색 접시는 요리를 돋보이게 해줄 뿐만 아니라, 모티브가 플레이팅 디자인의 일부가 되어 새로운 느낌을 준다. 접시에 요리를 심플하게 담는 것만으로 인상이 크게 달라진다.

※ 릴리프(relief)_ 돋을 새김, 양각. 직물이나 니트 등의 무늬 부분이 올라오게 만든 것.

| 심플한 림의 가장자리 무늬로 접시의 모양이 돋보인다 | 림 전체에 있는 기하학적인 무늬가 선명한 느낌을 연출한다 | 접시 가운데로 향하는 모티브는 밖으로 퍼져나가는 방향성과 중복된다 |

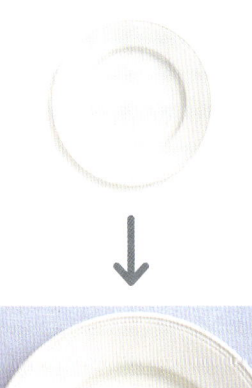

접시의 림에 올록볼록한 선이 1줄 있는 것만으로도 요리를 잡아주는 느낌이다. 부드러운 크림색 계열의 접시를 사용하면 요리가 따뜻하고 가정적인 느낌이 된다.

접시 모양과 같은 원형의 모티브가 반복되어 접시의 균형 잡힌 모양이 강조된다. 시선이 접시 가운데로 모이기 때문에 요리가 돋보인다.

림에 세로로 들어간 선은 접시 모양과 수직이 되는 움직임으로, 요리를 중심으로 밖을 향해 나아가는 느낌을 표현한다. 요리가 확산되어 가는 느낌.

포크소테

평범한 가정요리도 평소와 다르게 릴리프가 있는 흰색 접시에 플레이팅하면 요리의 느낌이 달라진다.

**사선 모양의 릴리프가
우아한 표정을 연출한다**

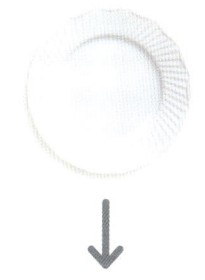

↓

**작은 체크무늬는
다양한 상황에서 활약**

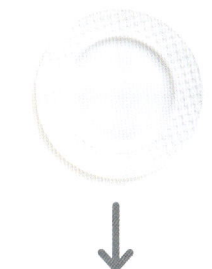

↓

**큼직하고 기하학적인 무늬로
임팩트가 강한 접시**

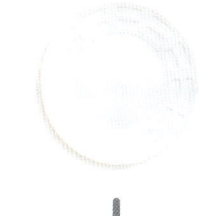

↓

림에 있는 사선 모양의 릴리프와 가장자리의 둥근 선이 우아한 느낌을 준다. 자연스럽게 요리에 시선이 모아진다.

무늬가 작아서 요리에 영향을 주지 않으며, 일상에서는 물론 공식적인 자리에서도 사용할 수 있는 스타일리시한 접시. 요리가 고급스러워 보인다.

무늬가 크면 시선이 요리가 아니라 접시에 집중되는 경향이 있다. 접시에 뒤지지 않을 만큼 강한 힘이 있는 요리를 플레이팅할 때 좋다.

2 림에 무늬가 있는 접시(명품 브랜드)

**림에 클래식하고 우아한 무늬가 있는 접시는
요리의 품격을 높여서 고급스러운 느낌을 자아낸다**

중세시대에 유럽 각국에서는 경쟁하듯이 도자기 접시를 만드는 데 재력을 쏟았고, 훌륭한 양식기 문화를 만들어냈다. 지금도 계속 사랑받는 명품 브랜드의 접시는 누구나 하나쯤 갖고 싶은 아이템이다. 전체에 무늬가 있는 것이 부담스럽다면, 림에 무늬가 있는 것부터 시도해보자.

림의 일부에만 있는 고급스러운
파란색 꽃무늬가 악센트가 된다

녹색의 가는 선이 만드는
산뜻하고 세련된 접시

접시의 꽃무늬가 허브나 식용꽃으로 장식한 듯한 효과를 낸다. 요리를 접시에 담는 것만으로 플레이팅이 완성된다.

녹색은 허브의 색이며, 여러 가지 요리와 궁합이 좋은 색이다. 금색 테두리는 우아한 분위기를 만들어 준다. 로스트비프의 붉은색이 돋보인다.

로스트비프

사람들이 좋아하는 고기요리를 심플하게 플레이팅하기만 해도 접시의 힘으로 고급 요리가 완성된다.

핑크와 골드의 선이 부드럽고 고급스러워 보이는 우아한 접시

코발트블루와 골드의 화려한 디자인 스타일

접시의 핑크색 선과 로스트비프의 붉은 색은 같은 계열의 색으로, 부드러운 분위기를 자아낸다. 우아하고 따뜻한 플레이팅이 된다.

장식적인 무늬와 화려한 골드를 사용하여 디자인성이 높은 접시. 격조 높은 접시에 플레이팅한 로스트비프에서 품격이 느껴진다.

3 림에 무늬가 있는 접시 (북유럽)

**심플하고 소박한 무늬는 가정적이고
캐주얼한 플레이팅을 연출한다**

최근 뛰어난 기능성과 디자인성으로 주목받고 있는 북유럽의 접시. 자연에서 영향을 받아 만든 개성적이고 따뜻함이 느껴지는 무늬가 특징이다. 림에만 무늬가 있는 접시는 요리를 담는 부분이 흰색이므로, 여러 가지 요리를 보기 좋게 만들어 주기 때문에 활용도가 높다.

초콜릿색과 블랙 스트라이프로
이루어진 심플하고 가정적인 디자인

블랙 & 옐로의
기하학적 무늬가 대중적인 느낌

↓

접시의 선과 요리의 색이 같은 계열이어서 차분한 분위기가 된다. 소박하고 가정적인 요리의 플레이팅에 어울린다.

섬세한 선에 노란색이 들어간 접시는 요리를 보기 좋게 만들어 준다. 건강한 파워가 느껴지는 요리가 된다.

햄버거스테이크

캐주얼하고 심플한 요리를 플레이팅할 때 북유럽 접시의 힘이 발휘된다.

파란색 덩굴무늬로 상쾌한
자연의 바람이 느껴지는 접시

섬세하게 그려진 파란 꽃무늬(malva)에서
자연의 영감을 받을 수 있는 접시

↓

↓

덩굴식물을 표현한 가는 선은 볼륨만점의 햄비기스데이그를 부드럽고 섬세한 요리로 변화시킨다.

꽃무늬 하나하나를 농담이 다르게 그려서 지나치게 두드러지지 않으며, 요리와 밸런스가 잘 맞는다.

4 전체에 무늬가 있는 접시(북유럽)

자연을 모티브로 한 북유럽 느낌의 무늬에
요리를 담는 것만으로 임팩트 있는 플레이팅이 된다

흰색 접시는 메뉴와 관계없이 요리를 돋보이게 해주지만, 가끔은 단조로운 느낌을 주기도 한다. 전체에 무늬가 있는 접시는 흰색 접시와 대조적으로 신선한 느낌을 준다. 무늬의 임팩트가 강하므로 요리는 심플한 것이 좋다. 요리를 담는 것만으로 박력 있는 플레이팅이 완성된다.

갈색 선의 매혹적인 장미가 풍성하게 그려진 세련된 접시

꽃이나 과일을 그려서 자연의 생명력을 표현

장미 무늬로 접시의 평평한 면을 모두 채우지 않고 흰색 공간을 남겨두었기 때문에, 공간에 여유가 생겨서 안도감이 든다. 갈색은 요리와 궁합이 좋은 색으로, 화려함 속에서도 차분함이 느껴진다.

무늬에서 느껴지는 박력 있는 파워가 캐주얼한 요리를 임팩트 있는 모던한 플레이팅으로 완성시켜준다. 검은색 무늬는 어떤 색감의 요리와도 대비가 되어 궁합이 좋다.

감자크로켓

서민적인 메뉴이지만 플레이팅하는 접시에 따라 화려한 만찬요리가 될 수 있다.

과감하게 잎맥까지 그린 잎무늬에서
식물의 생기가 느껴진다

아름다운 파란색 꽃으로
뒤덮인 접시

잎무늬이지만 같은 리듬으로 반복적으로 그려시 기하학적인 디자인처럼 보인다. 통통 튀는 식물의 힘이 느껴지며, 대중적인 플레이팅이 된다.

얼핏 보기에는 파란색 바탕의 접시처럼 보이지만, 그 안에 사랑스러운 꽃이 살짝 숨어 있는 접시. 어른들의 동심을 자극하는 플레이팅이 된다.

5 특별한 모양의 접시

모양에서 연상되는 심리감정을
플레이팅에서 효과적으로 활용한다

식탁에서 사용하는 접시의 대부분은 원형접시이다. 이 책에서 소개한 타원형 접시, 사각형 접시, 직사각형 접시 등도 많이 사용하지만, 테이블에 변화를 주고 싶을 때나 평소와 다른 느낌을 만들고 싶을 때 특별한 모양의 접시를 사용하면 효과적이다. 전채, 샐러드, 디저트 등에 활용한다.

초승달 모양 접시
초승달 모양의 곡선이 둥근 접시와 잘 어울려서 인기가 많다.

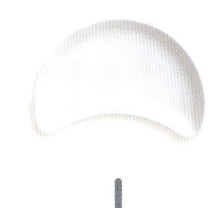

↓

귀여운 접시가 식탁에 변화를 준다. 공간을 많이 차지하지 않기 때문에 활용할 수 있는 범위가 넓다. 조금씩 2~3곳에 플레이팅하면 밸런스가 잘 맞는다.

삼각형 접시
기하학의 기본 도형인 삼각형은 날카롭고 안정된 느낌을 준다.

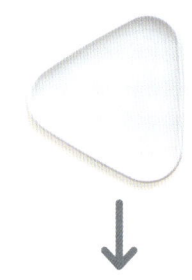

↓

사진의 접시는 모서리가 조금 둥근 삼각형으로, 부드럽고 가정적인 분위기를 자아낸다.

바냐카우다
전형적인 스타일로 제공하기 쉬운 샐러드도 접시로 이미지를 바꿔주면 신선한 느낌이 된다.

자유로운 모양 접시
곡선을 살린 자유분방함으로 따뜻한 이미지의 접시.

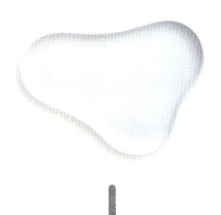

↓

비는 공간이 많은 모양이므로, 요리를 플레이팅해도 공간이 남아서 여유가 생긴다.

나뭇잎 모양 접시
식물을 이미지화한 나뭇잎 모양이 자연스러운 부드러움을 연출한다.

접시의 모티브를 살리기 위해 요리를 가운데에 담아 접시의 선을 즐겨보자. 자연스러운 부드러움이 느껴지는 나뭇잎 모양으로 안도감 있는 플레이팅이 된다.

물결 모양 접시
직사각형 접시를 물결 모양으로 변형시킨 경쾌한 느낌의 접시

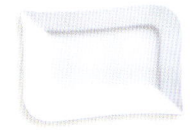

직사각형을 변형시킨 모양으로 안정감이 있는 접시. 접시의 선이 물결 모양으로 구부러져서 흐름과 리듬이 생긴다. 요리에 경쾌한 움직임이 생긴다.

6 유리접시

**청량한 느낌의 투명한 유리접시도
여러 가지 무늬와 모양으로 느낌이 달라진다**

계절요리, 차가운 요리, 디저트 등을 청량감 있게 연출하고 싶을 때 사용하는 유리접시.
접시의 모양, 디자인 등으로 요리의 느낌이 달라진다.

심플한 원형 유리접시는
어떤 요리에나 어울린다

림에 릴리프가 있어서
선명한 이미지가 된다

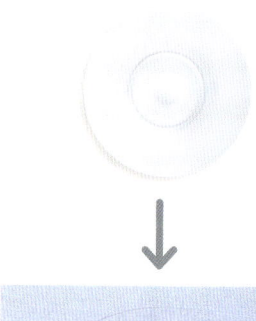

색, 모양, 디자인 등 아무것도 더하지 않은 원형 접시는 요리를 사실적으로 보여주는 데 적격이다. 요리에만 시선이 집중되어 요리를 있는 그대로 부각시켜준다.

림에 있는 규칙적인 선으로 이루어진 릴리프가 접시 모양을 각인시켜 긴장감이 더해지고, 요리 전체를 잡아준다. 자연스럽게 접시에 담긴 요리에 시선이 간다.

토마토 냉파스타

더운 계절에 많이 먹는 냉파스타.
따뜻한 파스타와는 다른 분위기로 플레이팅해보자.

유리접시 전체에 기하학적 무늬로 만든 릴리프가 있다	손으로 만든 것처럼 러프한 모양의 원형 접시는 따뜻하고 가정적인 느낌	딱딱한 느낌의 사각형 접시도 투명한 소재라면 요리와 잘 어울린다
	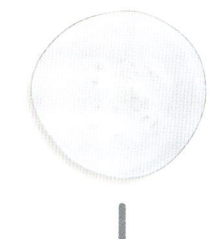	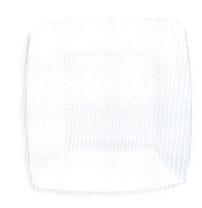
↓	↓	↓

유리접시는 디자인성이 조금 있어야 존재감이 더해져 요리가 돋보인다. 접시의 릴리프 자체가 플레이팅의 디자인이 되어 요리를 꾸며준다.	원형 접시의 모양이 러프한 실루엣일 경우 캐주얼한 분위기가 되지만, 접시의 존재감은 커진다. 접시 가운데에 남아 있는 기포도 디자인이 되어 플레이팅의 악센트가 된다.	사각형 접시는 균형 잡힌 긴장감으로 요리를 스타일리시하게 보여준다. 유리로 만든 사각형 접시는 존재감을 과하게 드러내지 않으면서, 적당한 밸런스로 요리가 돋보이게 해준다.

Herb

플레이팅의 악센트가 되는 허브와 향신료

요리의 맛과 배색에 악센트가 되는 여러 가지 허브.
플레이팅에 빼놓을 수 없는 아이템이다. 향과 시각의 자극을 즐겨보자.

a. 이탈리안 파슬리
b. 딜
c. 타임
d. 바질
e. 로즈메리
f. 처빌
g. 민트

Spice

독특한 풍미로 요리의 잡내와 거슬리는 맛을 줄여주고, 요리의 색감을 살리는 데도 활용할 수 있는 향신료.
요리를 마무리할 때 사용하면 효과적이다.

a. 검은 후추
후추 중에서 매운맛이 가장 강하다. 향이 좋으며 풍미와 매운맛을 더해준다.

b. 카이엔페퍼
남아메리카와 아마존에서 자라는 매운맛이 강한 고추로 만든 가루. 풍미와 매운맛을 더해준다.

c. 커민 파우더
독특한 향과 쌉쌀한 맛이 있다. 카레가루에 꼭 들어가는 향신료.

d. 카르다몸 파우더
향신료의 여왕이라고 불리는 고급스러운 향의 향신료. 레몬과 같은 풍미가 있다.

e. 가람 마살라
북인도의 혼합 향신료. 마지막에 조금만 사용하여 매운맛과 향을 더한다.

Sauce

플레이팅의 포인트가 되는 소스

소스는 요리의 맛을 좌우하는 중요한 요소이며, 플레이팅할 때 접시 위에 그림을 그리는 데 사용하기도 한다.
한 마디로 요리를 돋보이게 해주는 맛, 향, 시각을 책임지는 존재이다.
이 책에서 소개한 요리에 필요한 소스를 소개한다.

망고 가람 마살라 소스

재료_ 만들기 편한 적당량
망고퓨레 200g
와인 식초 2작은술
가람 마살라 1/4작은술
소금, 후추 적당량씩

만드는 방법
모든 재료를 볼에 넣어 잘 섞는다.

아보카도 크림 소스

재료_ 만들기 편한 적당량
아보카도 1개
생크림 80ml
우유 80~100ml
레몬즙 2작은술
소금, 후추 적당량씩

만드는 방법
1. 아보카도는 씨를 제거하고 껍질을 벗겨서 한입크기로 자른 다음 레몬즙을 뿌려둔다.
2. 믹서에 1과 생크림, 우유, 소금, 후추를 넣고 매끈해질 때까지 간다.(아보카도 크기에 따라 우유의 분량을 조절한다.)

카시스 머스터드 소스

재료_ 만들기 편한 적당량
카시스 머스터드 100g
생크림 100ml
후추 조금

만드는 방법
모든 재료를 볼에 넣어 잘 섞는다.

발사믹 소스

재료_ 만들기 편한 적당량
발사믹 식초 240ml
레드와인 100ml
꿀 3큰술
간장 1큰술
검은 후추 조금

만드는 방법
모든 재료를 냄비에 넣고 1/2 분량이 되도록 졸인다.

파프리카 사워크림 소스

재료_ 만들기 편한 적당량
파프리카(붉은색) 2개
사워크림 30g
생크림 70~90ml
소금 적당량

만드는 방법
1. 파프리카는 반으로 잘라서 씨를 제거한다. 그릴이나 오븐에 구운 다음 껍질을 벗겨내고, 한입크기로 자른다.
2. 믹서에 1과 상온에 둔 사워크림, 생크림, 소금을 넣고 매끈해질 때까지 간다.(파프리카 크기에 따라 생크림 분량을 조절한다.)

브로콜리 & 케이퍼 그린 소스

재료_ 만들기 편한 적당량
브로콜리 1/4개
케이퍼 15g
올리브유 5큰술
레몬즙 1작은술
마늘 1/4쪽
소금, 후추 적당량씩

만드는 방법
1. 브로콜리는 소금을 넣은 끓는 물에 데친 다음 물기를 제거한다. 마늘은 강판에 간다.
2. 1과 그 외의 재료를 믹서에 넣고 잘 간다.

COLUMN 색깔 이야기 2

색을 배색할 때 가장 중요한 것은 색과 색의 궁합이다. 비슷한 색인지, 보색인지, 색의 톤이 비슷한지, 다른지 등을 고려하는 것이다. 이런 관계를 아는 데 도움이 되는 것이 색상환과 톤 이미지이다. 식재료나 완성된 요리의 색을 조합하고, 식사를 하는 장소를 꾸밀 때도 색의 궁합을 고려하는 것이 도움이 된다.

색상환

색상을 순서대로 순환적으로 배열한 것이 색상환이다. 원에서 서로 반대쪽에 있는 색이 보색, 옆에 있는 것이 유사색이다.

톤 이미지

톤이란 명도와 채도를 복합적으로 고려한 것으로, 색의 명암, 농담, 강약 등으로 생각할 수 있다. 톤에서 받는 이미지는 어떤 색상이나 대부분 같다. 아래의 표는 한 색상예시의 톤 차이를 나타낸 것이다.

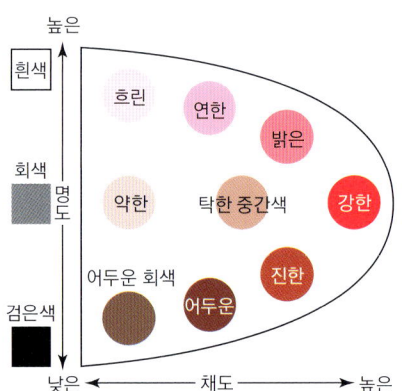

지은이 **Machiyama Chiho**

푸드코디네이터를 교육하는 '스케나리유코[祐成陽子] 쿠킹아트 세미나'를 졸업 후 잡지, 책, TV에 레시피를 제공하고 스타일링을 하는 등 활발히 활동 중이다. 음식점 메뉴 컨설팅에도 참여하고, 새로운 요리를 개발하기 위해 국내외를 넘나들며 열정적으로 활동하고 있다. 디저트부터 정통 프렌치요리까지 분야를 가리지 않는 멋진 스타일링으로 정평이 나 있다. 저서로 『100% 비탄토니오 BOOK』, 『실리콘 틀로 간단하게! 우리집 도넛』 등이 있다.

옮긴이 **용동희**

다양한 분야를 넘나들며 활동하는 푸드디렉터. 메뉴 개발, 제품 분석, 스타일링 등 활발한 활동을 이어가고 있다. 현재 콘텐츠 그룹 CR403에서 요리와 스토리텔링을 담당하고 있으며, 그린쿡과 함께 일본 요리책을 한국에 소개하는 요리 전문 번역가로도 활동하고 있다.

번역한 책으로 『가니시 레시피 & 플레이팅 테크닉』, 『향과 식재료, 어떻게 조합해야 하나?』, 『테이블 코디네이트의 아이디어와 기술』, 『플레이팅 디저트』, 『해산물 가스트로노미』, 『소스의 기술』 등이 있다.

접시 위 디자인 감각을 키워주는 플레이팅 교과서

플레이팅의 기술

펴낸이 유재영 | 펴낸곳 그린쿡 | 지은이 Machiyama Chiho | 옮긴이 용동희
기 획 이화진 | 편 집 박선희 | 디자인 임수미

1판 1쇄 2016년 9월 10일
1판 10쇄 2024년 10월 31일
출판등록 1987년 11월 27일 제10-149
주소 04083 서울 마포구 토정로 53 (합정동)
전화 324-6130, 6131 팩스 324-6135

E메일 dhsbook@hanmail.net
홈페이지 www.donghaksa.co.kr
www.green-home.co.kr
페이스북 www.facebook.com / greenhomecook
인스타그램 www.instagram.com / __greencook

ISBN 978-89-7190-569-2 13590

· 이 책은 실로 꿰맨 사철제본으로 튼튼합니다.
· 파본 등의 이유로 반송이 필요할 경우에는 구매처에서 교환하시고,
  출판사 교환이 필요할 경우에는 위의 주소로 반송 사유를 적어 도서와 함께 보내주세요.

MORITSUKE NO HASSO TO KUMITATE by Chiho Machiyama
Copyright ⓒ 2014 by Chiho Machiyama
All rights reserved.
Original Japanese edition published by Seibundo Shinkosha Publishing Co., Ltd.
This Korean edition is published by arrangement with Seibundo Shinkosha Publishing Co., Ltd., Tokyo in care of Tuttle-Mori Agency, Inc.,
Tokyo through ENTERS KOREA CO., LTD., Seoul.
Korean translation rights ⓒ 2016 by Donghak Publishing Co., LTD.

이 책의 한국어판 저작권은 (주)엔터스코리아를 통해 저작권자와 독점 계약한 주식회사 동학사(그린쿡)에 있습니다.
저작권법에 의하여 한국 내에서 보호를 받는 저작물이므로 무단전재와 무단복제, 광전자 매체 수록 등을 금합니다.

GREENCOOK은 최신 트렌드의 디저트, 브레드, 요리는 물론 세계 각국의 정통 요리를 소개합니다.
국내 저자의 특색 있는 레시피, 세계 유명 셰프의 쿡북, 한국·일본·영국·미국·이탈리아·프랑스 등 각국의 전문요리서 등을 출간합니다.
요리를 좋아하고, 요리를 공부하는 사람들이 늘 곁에 두고 보고 싶어하는 요리책을 만들려고 노력합니다.